SANTIDADE REDENTORISTA

SANTIDADE REDENTORISTA

Santos, Beatos,
Veneráveis e Servos de Deus
Redentoristas

Produção e organização:
Pe. Luiz Carlos de Oliveira, C.Ss.R.

EDITORA
SANTUÁRIO

Direção editorial:	Pe. Fábio Evaristo R. Silva, C.Ss.R.
Conselho editorial:	Cláudio Anselmo Santos Silva, C.Ss.R. Edvaldo Manoel Araújo, C.Ss.R. Ferdinando Mancilio, C.Ss.R. Gilberto Paiva, C.Ss.R. Marco Lucas Tomaz, C.Ss.R. Victor Hugo Lapenta, C.Ss.R.
Coordenação editorial:	Ana Lúcia de Castro Leite
Copidesque:	Sofia Machado
Revisão:	Luana Galvão
Diagramação e capa:	Bruno Olivoto

Dados Internacionais de Catalogação na Publicação (CIP) de acordo com ISBD

O48s Oliveira, Pe. Luiz Carlos de

Santidade Redentorista: Santos, Beatos, Veneráveis e servos de Deus Redentoristas / Pe. Luiz Carlos de Oliveira. - Aparecida : Editora Santuário, 2021.
240 p. ; 15,3cm x 23cm.

Inclui índice.
ISBN: 978-65-5527-132-4

1. Religião. 2. Cristianismo. 3. Santos. 4. Beatos. 5. Veneráveis. 6. Servos de Deus Redentoristas. I. Título.

2021-3264 CDD 240
CDU 24

Elaborado por Vagner Rodolfo da Silva - CRB-8/9410

Índice para catálogo sistemático:

1. Religião : Cristianismo 240
2. Religião : Cristianismo 24

1ª impressão

Rua Pe. Claro Monteiro, 342 – 12570-000 – Aparecida-SP
Tel.: 12 3104-2000 – Televendas: 0800 0 16 00 04
www.editorasantuario.com.br
vendas@editorasantuario.com.br

Dedico este pequeno trabalho aos formandos da Congregação do Santíssimo Redentor. Que eles se entusiasmem por essa vocação maravilhosa e engrossem a fila de nossos santos.

Agradeço ao Pe. Flávio Cavalca de Castro, C.Ss.R., a atenção em corrigir e revisar este trabalho.

Lista dos Santos, Beatos, Veneráveis e Servos Redentoristas

Atualizada em agosto de 2021

PREFÁCIO

Se existe um assunto que jamais perde atualidade, pertinência e relevância para a vida cristã, é o da santidade. Em todos os tempos e em todas as circunstâncias, essa é a razão e motivação para seguirmos trilhando os passos de Jesus, pois Ele nos revelou um Deus, que é Santo e que nos quer vivendo de sua mesma vida. Ressoa por toda parte seu constante convite: "sede santos, porque Eu sou santo" (Lv 11,45). Todavia, dada nossa condição humana, a santidade é uma oportunidade e um desafio que vão sendo enfrentados no cotidiano de nossa vida, a partir de escolhas e atitudes muito singelas, que deixam transparecer a grandeza de nossa alma e de nosso amor a Deus. Desde os primórdios da Igreja, havia a certeza de que o Senhor escolheu cada um de nós "para ser santo e irrepreensível em sua presença, no amor" (cf. Ef 1,4). E indiscutivelmente foi essa verdade que animou tantas pessoas a perseguirem e se lançarem em busca desse ideal.

A convicção que está arraigada em nosso coração é de que a santidade está ao alcance de todas as pessoas. Ninguém está excluído dessa possibilidade. Aliás, ser cristão autêntico sempre pressupõe uma busca da santidade. E tornar-se santo ou santa não significa não ter defeitos ou limites, mas se empenhar em superá-los ao longo da vida, sobretudo colocando foco no amor a Deus e ao próximo. O papa Francisco afirmou que "não existe santo sem passado, nem pecador sem futuro", ou seja, todos temos nossas misérias, porém temos igualmente um potencial a ser desenvolvido em vista de nossa santificação. Nessa aventura humana, deve estar claro para nós que "a santidade não nos torna menos humanos, porque é o encontro de nossa fragilidade com a força da graça. No fundo, como dizia León Bloy, na vida 'existe apenas uma tristeza: a de não ser santo'".[1]

Santo Afonso Maria de Ligório corroborou essa "democratização" da santidade, ou o que o Concílio Vaticano II resgatou depois – o chamado universal à santidade (LG 11 e o V cap.) –, ao nos ensinar que cada pessoa pode e deve se santificar fazendo bem o que faz, como, por exemplo, ao exercer sua profissão com dedicação e amor. Além disso, indicou que toda santidade consiste em amar a Jesus Cristo e em fazer a vontade de Deus. Ora, com isso vemos um caminho aberto e ao alcance de todas as pessoas que encontram na oração seu oxigênio e combustível principal. Se não houver intimidade e amizade com Deus, dificilmente será possível a alguém fazer a experiência da santidade.

Nesse sentido, o Pe. Luiz Carlos de Oliveira nos brinda com uma obra que não versa sobre a teoria da santidade, mas que retrata e testemunha isso em ato. São pessoas comuns que se tornaram especiais e intercessoras para nós porque acreditaram em Deus e buscaram viver de acordo com o coração do Redentor. Na verdade, este livro nos inspira a acreditarmos que, se foi possível para eles, pode ser também para nós. Os santos, mártires, beatos, veneráveis etc. não formam uma elite, são os que souberam responder ao convite de Deus para viver os valores evangélicos, especialmente a caridade, pois dificilmente alguém alcança a santidade sem experimentar e distribuir o amor, sem vencer a tentação da autorreferencialidade e sem reconhecer em seu próximo o rosto do Criador.

Por isso muito nos alegra sentirmos que pertencemos a uma Igreja que tem muitos santos e muitas santas, porque, onde existem a graça divina e a acolhida generosa do coração humano, a santificação acontece mesmo! Por conseguinte, veremos descortinar a nossos olhos, à medida que formos desfolhando este livro, uma procissão de redentoristas, membros de nossa família religiosa, que percorreram esse itinerário santificador. Eles nos motivam a continuarmos gastando nossos dias pela Copiosa Redenção do mundo e, de modo especial, em favor dos pobres mais abandonados e feri-

---

[1] Papa Francisco, *Exortação Apostólica Gaudete et Exsultate. Sobre a chamada à santidade no mundo atual*, n. 32.

dos. Essa é a passagem obrigatória para contemplarmos e acolhermos o mistério de Cristo Redentor. Eles não são super-homens, mas pessoas que foram capazes de valorizar e viver o essencial na vida: o amor a Deus e ao próximo, isto é, deram carne e forma às bem-aventuranças do Evangelho.

Embora tenhamos tantos outros santos convivendo cotidianamente ainda em nosso meio, neste livro temos o registro e a memória daqueles que viveram nas comunidades redentoristas e que agora estão juntos de Deus, continuando a missão de nos ajudar. Antes, pelo exemplo, e agora, pela intercessão de que tanto necessitamos. Essa é a real comunhão dos santos que acontece! E quanto mais aprendermos deles e com eles mais felizes seremos, porque mais de Deus e dos irmãos seremos também! Afinal, "os santos surpreendem, desinstalam, porque sua vida nos chama a sair da mediocridade tranquila e anestesiadora".[2] Alguns deles já receberam, e outros aos poucos vão recebendo, o reconhecimento oficial da Igreja Povo de Deus. Todavia o que importa é nos sentirmos inspirados por seus exemplos e, sobretudo, que consigamos perceber que a vida missionária redentorista é um caminho seguro, alegre e certo de santificação para todos nós!

Por fim, entrar em comunhão com essa plêiade de redentoristas que se deixaram santificar pela graça do Redentor é renovar nossa esperança e confiança de que a obra da Redenção continua acontecendo. E quanto mais imbuídos estivermos desse espírito mais santos seremos e o mundo será melhor para todos! A certeza que desponta com força é a de que a Vida Apostólica Redentorista, por meio da Congregação, é uma escola de santificação para muitos de nós, pois nos coloca a serviço do Reino de Deus, no qual os pobres mais abandonados são nossos principais interlocutores e os queridos de Deus. Que este mosaico de santos, beatos, mártires, veneráveis e servos de Deus se multiplique ainda mais e inclua tantas outras fisionomias, como sinal da abundante redenção!

Dom Orlando Brandes
Arcebispo de Aparecida

---

[2] Papa Francisco, *Exortação Apostólica Gaudete et Exsultate. Sobre a chamada à santidade no mundo atual*, n. 138.

Apresentação

Caro Leitor:

Em 1972, Cardeal Albino Luciani (que posteriormente se tornou Papa João Paulo I) escreveu uma linda carta aos padres de Veneza, por ocasião do centenário da Proclamação de Santo Afonso de Ligório como Doutor da Igreja. Cardeal Luciani iniciou sua carta com as seguintes palavras: "A vida de um santo é uma tradução viva do Evangelho, e assim estarei explicando o Evangelho, quando falar sobre Santo Afonso". Claro, nós poderíamos acrescentar... "e assim estarei explicando o Evangelho, quando falo de Santo Afonso, São Geraldo Majela, São Clemente Hofbauer, São João Neumann, Beato Januário Sarnelli, Beato Francisco Xavier Seelos, Beato Pedro Donders, e todos os nossos santos confrades...".

A vida de nossos confrades – Santos, Beatos, Mártires, Veneráveis e Servos de Deus – ensina-nos o significado do Evangelho tal como este foi vivido em nossa Congregação, em diferentes épocas e períodos, e em diferentes culturas e nações. Suas vidas de santidade e serviço continuam a nos inspirar diariamente enquanto testemunhas do Redentor em nosso Mundo ferido. Acredito que o trabalho de Pe. Luiz Carlos, com a assistência competente de outros confrades, trará vida a suas histórias para todos nós: confrades com anos de Vida Apostólica Redentorista, candidatos à Formação inicial e estudantes nessa etapa, leigos e leigas com quem compartilhamos nosso Carisma e nossa Missão, Irmãs de congregações, cujo carisma está intimamente conectado a nossa própria missão.

Acima de tudo, minha esperança é de que esta obra possa abrir-nos novas janelas de compreensão sobre as muitas e belas dimensões da Vida Apostólica Redentorista, vividas por esses "heróis da fé". Eles não são somente histórias para nos inspirar. Mas são nossos irmãos e confrades, que hoje nos acompanham como amigos e companheiros! Que sua amizade e intercessão nos ajudem seguir a Jesus nosso Redentor com o coração pleno de alegria, para proclamarmos a Boa-Nova da copiosa Redenção aos pobres e abandonados hoje!

Refletindo sobre suas vidas, possamos também descobrir uma vez mais a alegria do Evangelho, que vem de um encontro autêntico com Jesus, nosso Redentor, especialmente porque ele vive com e entre os menores de seus irmãos e suas irmãs. Que Maria, nossa Mãe do Perpétuo Socorro, continue a nos conduzir a um relacionamento mais profundo com Cristo e com todos os seus filhos, assim como acompanhou todos os nossos santos na Congregação.

Este livro não busca somente transmitir conhecimento sobre nossos confrades, como também compartilhar o segredo de sua santidade e alegria, para que também nós possamos encontrar vida e compartilhá-la alegremente com aqueles para os quais somos enviados hoje. Abençoado encontro!

Seu Irmão em Cristo, nosso Redentor,

Pe. Michael Brehl, C.Ss.R.
Superior-Geral

Introdução

Há necessidade de conhecimento da santidade redentorista por intermédio daqueles que viveram essa vocação com intensidade e coerência. Nossos formandos terão oportunidade de conhecer, de modo acessível, aqueles que viveram essa vocação que eles buscam com tanto entusiasmo.

Fui recolhendo, há bons anos, a lista de nossos queridos confrades santos e os que estão em processo. Nem todos estão sob a Postulação Geral. Seus processos correm em outras postulações. No Capítulo Geral, o postulador apresenta a situação atual de todas as causas de sua responsabilidade. É a melhor informação.

Este trabalho conta com revisões e aperfeiçoamento até que se possa publicar uma obra mais completa. Tomara que isso não aconteça, porque esperamos que haja sempre necessidade de acréscimos. Santo Afonso quis uma congregação de santos. Acho que está conseguindo.

Não podemos nos esquecer dos confrades e dos leigos que, mesmo sem reconhecimento oficial, viveram intensamente a vida redentorista. Estamos deixando no esquecimento, muito rapidamente, aqueles que foram pedras fundamentais. Quem perde a memória não faz história.

Vamos fazer esta primeira apresentação para chegar a algo mais completo.

Dedico este trabalho aos jovens seminaristas que têm demonstrado grande amor, interesse e zelo pelo que é “nosso”. Santo Afonso coloque vocês nessa lista.

I
SANTOS

1

SANTO AFONSO DE LIGÓRIO

Itália, 1696-1787

FORMAÇÃO

Santo Afonso de Ligório nasceu em Marianella, perto de Nápoles, em 27 de setembro de 1696. Era o primogênito de uma família bastante numerosa, pertencente à nobreza napolitana. Obteve uma esmerada educação em ciências humanas, línguas clássicas e modernas, pintura e música. O jovem Afonso recebeu a formação completa para ser um cidadão da classe nobre. Era um jovem normal da sociedade napolitana.

Sua formação humana e espiritual foi primorosa. Sua mãe e seu pai ensinaram-lhe um profundo amor a Jesus Cristo, visto como o Menino de Belém, o Crucificado, Jesus da Eucaristia e Maria. Afonso aprendeu a buscar a perfeição humana e espiritual. Procurava viver na graça de Deus e não pecar. Desde pequeno, participou da vida de comunidade, pertencendo a diversos grupos pastorais para convivência, crescimento espiritual e comprometimento com os necessitados. Eram as confrarias.

Pôde preparar-se muito bem em sua formação humana. Ele seria o herdeiro. Em seu conhecimento musical, compôs músicas que, até hoje, são cantadas na Itália, entre elas, o Dueto da Paixão, o cântico de Natal mais popular da Itália, "Tu Scendi dalle Stelle" (Eis que lá das Estrelas) e numerosos outros hinos. O pai foi exigente quanto aos estudos. Aos doze anos, entrou para a faculdade de Direito, onde se formou aos 16 anos. Terminou os estudos universitários alcançando o doutorado nos direitos civil e canônico e começou a exercer a advocacia aos dezenove anos, tornando-se um grande advogado do Reino.

DECISÃO VOCACIONAL

Teve grande sucesso no exercício de sua profissão. Viveu intensa vida cristã com sua família e nos grupos espirituais, dos quais participava. Mas faltava, como ele próprio disse, a conversão. Essa ocorreu na Semana Santa de 1722. Em 1723, depois de um longo processo de discernimento, abandonou a carreira jurídica, definiu-se pelo Evangelho.

Não obstante a forte oposição do pai, começou os estudos eclesiásticos para ser sacerdote. Foi o primeiro passo de sua caminhada. Foi ordenado sacerdote, em 21 de dezembro de 1726, aos trinta anos. Seu sacerdócio foi o segundo passo para a definição de sua vida. Passos que chamamos de êxodos. Seu sacerdócio foi para o serviço da pregação e do atendimento às pessoas na confissão e para a orientação dos fiéis.

Viveu seus primeiros anos de sacerdócio procurando atender os marginalizados de Nápoles. Criou as "Capelas do entardecer". Eram grupos dirigidos pelos próprios leigos para oração, proclamação da Palavra de Deus, atividades sociais, educação e vida comunitária. Na época de sua morte, havia setenta e duas dessas capelas com mais de dez mil participantes ativos, que sobreviveram por longo tempo, até a Unificação Italiana. Esse foi o terceiro passo de sua caminhada espiritual. Começou a dedicar sua vida em favor dos pobres da cidade.

Em 1729, Afonso deixou a família e passou a residir no Colégio dos Chineses, em Nápoles. Foi aí que começou sua experiência missionária no interior do Reino, onde ele encontrou gente muito mais pobre e mais abandonada que qualquer menino de rua de Nápoles. Ele fazia parte de uma associação de missionários da cidade de Nápoles. Era o grande pregador. Em uma das missões, conheceu o pobre do campo. Indo fazer férias em um lugarejo, perto de Scala, tomou contato com a situação de abandono humano e espiritual dos pobres do interior.

FUNDAÇÃO DA CONGREGAÇÃO REDENTORISTA

Nessas férias, conheceu uma irmã do mosteiro de Scala, que estava trabalhando na fundação de uma nova congregação de irmãs contemplativas. Ela se chamava Maria Celeste Crostarosa. Estabeleceu-se uma grande amizade, que durou a vida inteira, tanto é que guardou suas cartas por toda a vida. Ajudou-a na fundação da Ordem do Santíssimo Redentor, que se deu no dia 13 de maio de 1731.

No mesmo ano, ela disse a ele que o "Senhor queria que ele deixasse Nápoles e viesse para Scala para fundar a congregação dos homens para a evangelização". Afonso, diante da experiência com os pobres, sua experiência pastoral e essa chamada de Deus, deixou Nápoles e foi para Scala "viver entre os casebres e os currais dos pastores", como escreveu Tannoia, seu primeiro biógrafo. Foi o quarto passo de sua caminhada no êxodo em direção aos mais abandonados e em sua resposta ao chamado de Deus.

No dia 9 de novembro de 1732, Afonso fundou a Congregação do Santíssimo Redentor, popularmente conhecida como redentorista, para seguir o exemplo de Jesus Cristo: anunciar a Boa Nova aos pobres e aos mais abandonados. Daí em diante, dedicou-se inteiramente a essa nova missão. Não estava sozinho. Os primeiros companheiros, animados, não chegaram a um acordo e o deixaram só. Depois, lentamente, vieram outros com grande força apostólica e muita santidade. Entre eles, temos o Beato Sarnelli, São Geraldo e outros padres jovens e irmãos, animados pelo mesmo ideal de dar a vida pela Copiosa Redenção. Hoje, já são quase 5.000, depois de tantas perdas, após o Concílio Vaticano II.

UMA VIDA DEDICADA À EVANGELIZAÇÃO

Afonso era um amante da beleza: músico, pintor, poeta e escritor. Colocou toda a sua criatividade artística e literária a serviço da missão, e essa mesma dedicação ele pediu aos que ingressavam em sua Congregação. Escreveu sobre espiritualidade e teologia, tendo cento e vinte e oito obras, com 21.500 edições, traduzidas em setenta e duas línguas, o que comprova que ele é um dos autores mais lidos. Entre suas obras mais conhecidas estão: O Grande Meio da Oração, A Prática de Amar a Jesus Cristo, As Glórias de Maria e Visitas ao Santíssimo Sacramento. A oração, o amor, a comunhão com Cristo e sua experiência imediata das necessidades espirituais dos fiéis fizeram de Afonso um dos grandes mestres da vida interior. Os livros de espiritualidade eram lidos pelo povo, o que ajudou na formação e na piedade não somente dos letrados, como também dos humildes.

A maior contribuição de Afonso para a Igreja foi na área da reflexão teológica moral, com sua *Teologia Moral*. Essa obra nasceu da experiência pastoral de Afonso, de sua habilidade em responder às questões práticas apresentadas pelos fiéis e de seu contato com os problemas do dia a dia. Combateu o estéril legalismo que estava sufocando a teologia e rejeitou o rigorismo estrito de seu tempo, produto da elite poderosa. Conforme Afonso, esses eram caminhos fechados ao Evangelho, porque "tal rigor jamais foi ensinado nem praticado pela Igreja". Ele sabia como colocar a reflexão teológica a serviço da grandeza e da dignidade da pessoa humana, da consciência moral e da misericórdia evangélica.

Sua Congregação, evangelizando por meio das missões, dos retiros e vivendo entre os mais abandonados, contribuiu muito com a Igreja na renovação das populações. Seu modo simples de viver e de pregar eram de grande agrado para o povo.

SANTO AFONSO, BISPO

Afonso foi ordenado bispo de Santa Ágata dos Godos em 1762, aos sessenta e seis anos. Tentou recusar a nomeação, porque se sentia demasiado idoso e doente para cuidar adequadamente da diocese. Foi um bispo diferente: pobre, muito dedicado à renovação de seus padres, do seminário, das paróquias e do povo. Cuidava dos pobres, chegando a dar salário mensal às mocinhas, para não caírem na prostituição por pobreza. Ele não gastava com luxos na diocese, pois dizia que o dinheiro da diocese era dos pobres; o bispo era o administrador. Em uma crise de falta de alimentos, empenhou a diocese para comprar alimentos para a população. Em 1775, foi-lhe permitido deixar o cargo. Voltou para casa e foi morar na comunidade redentorista de Pagani, onde morreu, no dia 1º de agosto de 1787. Foi beatificado, em 1816, e canonizado, em 1839. Foi proclamado Doutor da Igreja, em 1871, e Patrono dos Confessores e Moralistas, em 1950. É um santo a ser mais conhecido, pois tem muito a ensinar para a Igreja de hoje. Sobretudo, ele convida seus seguidores, sacerdotes, irmãos consagrados e leigos a fazerem o caminho que ele fez. Sem fazer seu caminho é impossível segui-lo bem.

HERANÇA ESPIRITUAL

O que levou Santo Afonso a ser um grande homem foi seu intenso amor a Jesus Cristo, que ele colocava como centro de todo caminho de santidade. Esse amor transformou-se em amor ao pobre e necessitado, de modo particular, de ajuda espiritual. Tudo o que fez foi para que o pobre se sentisse amado por Deus e soubesse que a misericórdia divina está a seu alcance. Abriu os tesouros de Deus aos mais simples. Afirmou, contrariamente a outros, que todos podem ser santos, cada um em sua condição.

Compreendendo esse grande amor de Deus, encarregou-se de levá-lo a todos, usando todos os meios possíveis para uma completa evangelização. Por isso colocou as casas da Congregação em lugares de fácil acesso ao povo abandonado.

Seus padres poderiam também ir facilmente ao encontro dessas populações. O conhecimento do povo forçou-o a aprofundar os ensinamentos do evangelho e dá-los ao povo de maneira simples, mas profunda. Além do mais, modificou os modos de ensinar, colocando como base o respeito à consciência de cada um.

De sua herança espiritual, colhemos um grande amor aos mistérios, em que Jesus manifesta seu amor: Presépio, Cruz e Eucaristia. Maria para ele é aquela que viveu esse amor e pôde, com sua intercessão, trazer-nos a misericórdia de Deus. O amor a Jesus Cristo fez dele um continuador seu. Recebemos dele a missão de continuar Jesus Cristo anunciando aos pobres a redenção abundante.

2

SÃO GERALDO MAJELA

Itália, 1726-1755

INFÂNCIA E JUVENTUDE

Geraldo nasceu em 1726, em Muro, pequena cidade do sul da Itália. Sua mãe, Benedita, foi uma bênção para ele, pois lhe ensinou o imenso amor de Deus, que não conhece limites. Ele era feliz por estar perto de Deus.

Geraldo tinha quatorze anos quando seu pai morreu, e ele ficou sendo o arrimo da família. Tornou-se aprendiz na alfaiataria da cidade, onde era maltratado pelo mestre. Passados quatro anos de aprendizado, quando poderia montar sua própria alfaiataria, disse que ia trabalhar como empregado do bispo de Lacedônia, homem de grande irritabilidade. Seus amigos aconselharam-no a não assumir esse trabalho. Os ímpetos de ira e as constantes repreensões, que impediram os outros empregados de permanecerem mais que poucas semanas, nada eram para Geraldo. Foi capaz de exercer todos os encargos e trabalhou três anos para o bispo até a morte deste. Quando acreditava que estava fazendo a vontade de Deus, Geraldo aceitava qualquer coisa. Se batiam nele na alfaiataria ou se o bispo não lhe dava valor, pouco importava, pois via o sofrimento como parte de seu seguimento de Cristo. "O senhor bispo gostava de mim", dizia. E, já então, Geraldo costumava passar horas diante de Jesus presente no Santíssimo Sacramento, o sinal de seu Senhor crucificado e ressuscitado.

Em 1745, com dezenove anos, voltou para Muro, onde montou uma alfaiataria. Seu negócio prosperou, mas ele não ganhou muito dinheiro. Praticamente dava tudo para os outros. Guardava o que era necessário para sua mãe e suas irmãs e dava o resto aos pobres. Geraldo não passou por uma conversão repentina e espetacular; apenas foi crescendo constantemente no amor de Deus. Durante a Quaresma de 1747, resolveu ser completamente semelhante a Cristo, o quanto lhe fosse possível. Fez penitências mais severas e as humilhações não eram problemas para ele.

VOCAÇÃO RELIGIOSA

Quis servir plenamente a Deus, por isso pediu admissão no convento dos Capuchinhos; não foi, porém, aceito. Aos vinte e um anos, tentou a vida de eremita. Tal era sua vontade de ser semelhante a Cristo que aceitou imediatamente a chance de representar o papel de Cristo em um drama da Paixão, um quadro vivo apresentado na catedral de Muro.

COM OS REDENTORISTAS

Em 1749, os redentoristas pregaram missões em Muro. Foram quinze missionários que tomaram de assalto as três paróquias da pequena cidade. Geraldo seguiu cada detalhe da missão e decidiu que aquela devia ser sua vida. Pediu para ingressar no grupo missionário, mas o Pe. Cafaro, o Superior, recusou-o por motivo de saúde. Tanto importunou os padres que, ao deixarem a cidade, o Pe. Cafaro sugeriu a sua família que o trancasse em seu quarto.

Usando um estratagema que, desde então, haveria de encontrar imitadores entre os jovens, Geraldo amarrou os lençóis da cama e, descendo pela janela, seguiu o grupo dos missionários. Fez uma dura caminhada de dezenove quilômetros para chegar até eles. "Aceitem-me, deem-me uma chance, depois me mandem embora se eu não for bom", dizia Geraldo. Diante de tamanha persistência, Pe. Cafaro não pôde senão consentir. Mandou Geraldo para a comunidade redentorista de Deliceto, com uma carta em que dizia: "Estou mandando outro irmão, que será inútil quanto ao trabalho", e acrescentou: "mas tem um bom conceito na cidade".

Geraldo sentiu-se absoluta e totalmente satisfeito com o modo de vida que Santo Afonso, fundador dos redentoristas, traçou para seus religiosos. Ficava radiante ao constatar como era central o amor a Jesus sacramentado e como era essencial o amor a Maria, Mãe de Jesus.

Professou os primeiros votos, em 16 de julho de 1752, que, conforme ele ficou sabendo com alegria, era a festa do Santíssimo Redentor. Desde esse dia, com exceção de algumas visitas a Nápoles e do tempo passado em Caposele, onde morou, a maior parte da vida de Geraldo foi vivida na comunidade redentorista de Iliceto.

O rótulo de "inútil" não duraria muito. Geraldo era um excelente trabalhador e, nos anos seguintes, foi, por várias vezes, jardineiro, sacristão, alfaiate, porteiro, cozinheiro, carpinteiro e encarregado das obras da nova casa de Caposele. Aprendia rápido: visitando a oficina de um escultor, logo começou a fazer crucifixos. Era uma joia na comunidade. Tinha apenas uma ambição: fazer em tudo a vontade de Deus.

Em 1754, seu diretor espiritual pediu-lhe que escrevesse qual era seu maior desejo. Ele escreveu: "amar muito a Deus; estar sempre unido com Deus; fazer tudo por amor de Deus; amar a todos por amor de Deus; sofrer muito por Deus. Minha única ocupação é fazer a vontade de Deus".

A GRANDE PROVAÇÃO

A santidade verdadeira deve sempre ser testada pela cruz, e, assim, em 1754, Geraldo sofreu uma grande provação, aquela que bem pode ter merecido para ele o poder especial para assistir as mães e seus filhos. Uma de suas obras de apostolado era a de encorajar e assistir as moças que queriam entrar para o convento. Muitas vezes, ele até garantiu o necessário dote para alguma moça pobre, que de outra forma não poderia ser admitida em uma ordem religiosa.

Néria Caggiano era uma das moças assistidas dessa forma por Geraldo. Porém ela achou desagradável a vida do convento e, dentro de três semanas, voltou para casa. Para explicar sua atitude, Néria começou a espalhar mentiras sobre a vida das freiras e, quando o povo de Muro se recusou a acreditar em tais histórias, a respeito de um convento recomendado por Geraldo, resolveu salvar sua reputação destruindo o bom nome de seu benfeitor. Para isso, em uma carta dirigida a Santo Afonso, o superior de Geraldo, ela o acusou de pecados de impureza com a jovem de uma família, em cuja casa, muitas vezes, Geraldo ficava em suas viagens missionárias.

Geraldo foi chamado por Santo Afonso para responder à acusação. Mas, em vez de se defender, permaneceu em silêncio, seguindo o exemplo de seu divino Mestre.

Diante desse silêncio, Santo Afonso nada pôde fazer, senão impor ao jovem religioso uma severa penitência: foi negado a ele o privilégio de receber a santa Comunhão e foi-lhe proibido todo contato com os de fora. Afonso não acreditava nessa história, pois conhecia Geraldo.

Não foi fácil para Geraldo renunciar aos trabalhos pelo bem das almas, mas esse era um sofrimento pequeno em comparação com a proibição de comungar. Sentiu isso tão profundamente que chegou a pedir para ficar livre do privilégio de ajudar a Missa, receando que a veemência de seu desejo de receber a comunhão o fizesse arrancar a hóstia consagrada das mãos do padre no altar.

Algum tempo depois, Néria ficou gravemente enferma e escreveu uma carta a Santo Afonso confessando que suas acusações contra Geraldo não passavam de invenção e calúnia. O santo ficou cheio de alegria ao saber da inocência de seu filho. Mas Geraldo, que não ficara deprimido no tempo da provação, também não exultou indevidamente quando foi justificado. Em ambos os casos, sentiu que a vontade de Deus tinha sido cumprida, e isso lhe bastava.

GERALDO FAZIA MILAGRES

De poucos santos se recordam tantos fatos prodigiosos como de São Geraldo. Seus processos de beatificação e de canonização revelam que seus milagres eram os mais variados e numerosos. Era agraciado com fenômenos espirituais de muitos tipos. Nada disso era motivo de orgulho para ele.

Seus milagres foram feitos para o benefício dos mais pobres. Fatos extraordinários, como os que enumeramos a seguir, começam a parecer lugares comuns quando se lê sua biografia. Ele devolveu a vida a um garoto, que tinha caído de um alto rochedo; abençoou a magra provisão de trigo pertencente a uma família, e ela durou até a colheita seguinte; várias vezes multiplicou o pão que estava distribuindo aos pobres. Certo dia, andou sobre as águas para levar um barco de pescadores, entre as ondas tempestuosas, até a segurança da praia. Muitas vezes, Geraldo lembrou as pessoas dos pecados secretos que tinham vergonha de confessar e levou-as à penitência e ao perdão.

Seu milagroso apostolado em favor das mães também começou durante a vida. Um dia, ao sair da casa de amigos, a família Pirofalo, uma das moças o chamou dizendo que tinha esquecido o lenço. Em um momento de intuição profética, disse Geraldo: "Guarda-o, pois um dia te será útil". O lenço foi guardado como uma preciosa lembrança de Geraldo. Anos mais tarde, aquela moça estava em perigo de morte em trabalho de parto. Lembrou-se das palavras de Geraldo e pediu o lenço. Quase imediatamente o perigo passou, e ela deu à luz uma criança sadia. Em outra ocasião, pediram as orações de Geraldo para uma mulher grávida que corria perigo juntamente com o filho. Tanto ela quanto a criança saíram ilesas do perigo.

MORTE E GLORIFICAÇÃO

De saúde sempre frágil, era evidente que Geraldo não iria viver muito. Em 1755 sofreu violentas hemorragias e disenteria, a ponto de sua morte ser esperada para qualquer momento. No entanto ele devia ainda ensinar uma grande lição sobre o poder da obediência. Seu diretor mandou-lhe que sarasse, se fosse da vontade de Deus, e imediatamente a doença pareceu desaparecer; ele deixou o leito e juntou-se à comunidade. Sabia, porém, que essa cura era apenas temporária e que tinha pouco mais de um mês de vida.

Um tempo depois, teve de voltar ao leito e começou a preparar-se para a morte. Abandonou-se totalmente à vontade de Deus e escreveu na porta de seu quarto: "Aqui se faz a vontade de Deus, como Deus quer e por quanto tempo ele quer". Com frequência, ouviam-no recitar esta oração: "Meu Deus, quero morrer para fazer vossa santíssima vontade". Pouco antes da meia-noite, do dia 15 de outubro de 1755, sua alma inocente voltou para Deus.

Na morte de Geraldo, o irmão sacristão, em sua euforia, tocou os sinos à maneira festiva, em vez do toque fúnebre. Milhares de pessoas vieram ver o corpo de "seu santo" e tentar obter uma última lembrança daquele que tantas vezes os tinha ajudado. Após sua morte, começaram a ser relatados milagres em quase todas as regiões da Itália, atribuídos à intercessão de Geraldo. Em 1893, papa Leão XIII o beatificou, e, no dia 11 de dezembro de 1904, papa Pio X o canonizou como santo.

O SANTO DAS MÃES

Por causa dos milagres que Deus fez por meio das preces de Geraldo em favor das mães, as mães da Itália se afeiçoaram a Geraldo e fizeram dele seu padroeiro. Em seu processo de beatificação, uma testemunha atestou que ele era conhecido como o santo dos partos felizes.

Milhares de mães têm experimentado o poder de São Geraldo. Muitos hospitais dedicam a ele a ala da maternidade e dão a seus pacientes medalhas e santinhos de São Geraldo. Milhares de meninos receberam o nome de Geraldo dos pais convencidos de que foi a intercessão dele que os ajudou nascerem sadios.

A Congregação Redentorista alegra-se ao celebrar um membro seu tão querido. Ele é modelo para todos os que querem seguir o caminho do Redentor, tanto padres, quanto irmãos ou leigos. Com Geraldo podemos aprender, sobretudo, a amar a Deus e às pessoas, estar a serviço e viver na alegria fazendo a vontade de Deus.

(O texto foi retirado do site da Congregação do SS. Redentor)

3

SÃO CLEMENTE MARIA HOFBAUER

República Checa, 1751 – Áustria, 1820

Um olhar sobre a vida de Clemente Hofbauer pode ensinar-nos muito sobre a luta por cumprir uma missão, fundada na fé e na simplicidade.

NASCIMENTO E JUVENTUDE

Nasceu no dia 26 de dezembro de 1751, em Tasswitz, República Checa. Era o nono de doze filhos nascidos do casal Maria e Paulo Hofbauer. No Batismo recebeu o nome de João. Mais tarde, quando eremita, recebeu o nome de Clemente. Pensou na carreira militar, como a de seu irmão. Mas foi a meta do sacerdócio que finalmente sobrepujou a carreira militar. Todavia, sendo de família pobre, Clemente tinha pouca chance de ir para um seminário ou entrar para uma ordem religiosa.

Começou a estudar latim na casa paroquial, quando tinha quatorze anos. Incapaz de prosseguir os estudos eclesiásticos, teve de aprender um ofício. Foi mandado como aprendiz a uma padaria, em 1767. Em 1770, foi trabalhar na padaria do mosteiro premonstratense Klosterbruck.

Em 1771, uma viagem à Itália levou Clemente a Tivoli, onde decidiu fazer-se eremita, no santuário de Nossa Senhora de Quintiliolo, e pediu ao bispo local o hábito de eremita. Foi quando recebeu o nome de Clemente Maria. Manteve para a vida o hábito da oração e do trabalho.

Voltou ao mosteiro, para de novo ser padeiro e recomeçar o estudo do latim. Embora tivesse completado os estudos de filosofia em 1776, não pôde ir adiante. Não era o tipo de vida que queria. Não era apostolado.

Retornou para casa e viveu dois anos como eremita em Mühlfrauen. Por insistência da mãe, deixou o eremitério para, de novo, tornar-se padeiro. Dessa vez conseguiu um emprego em uma famosa padaria de Viena, onde encontrou duas senhoras distintas que pagaram seus estudos.

Aos vinte e nove anos, entrou para a Universidade de Viena. Ali ficou frustrado com os cursos das matérias eclesiásticas, cheios de racionalismo e de outras doutrinas nada católicas.

Durante uma peregrinação à Itália, em 1784, Clemente e seu companheiro de viagem, Tadeu Hübl, decidiram entrar em uma comunidade religiosa. Os dois foram aceitos no noviciado redentorista de São Julião, em Roma. Na festa de São José, 19 de março de 1785, Clemente e Tadeu tornaram-se redentoristas, professando os votos de pobreza, castidade e obediência. Dez dias depois, foram ordenados sacerdotes.

Poucos meses após a ordenação, os dois redentoristas estrangeiros foram convocados por seu Superior-Geral, Pe. De Paola. Receberam a missão de voltar à Áustria e estabelecer ali a Congregação redentorista. Era uma nomeação difícil e insólita para dois homens recém-ordenados. Para Afonso essa difusão da Congregação além dos Alpes era uma prova segura de que os redentoristas iriam perdurar até o fim dos tempos.

VARSÓVIA E SÃO BENO

A situação política não permitiu a Clemente permanecer em seu próprio país, a Áustria. O imperador austríaco, que tinha fechado mais de mil mosteiros e conventos, não permitiria que uma nova ordem religiosa fizesse ali uma fundação. Sabendo disso, os dois redentoristas foram para a Polônia. Em fevereiro de 1787, eles chegaram a Varsóvia, cidade com 124.000 habitantes. Embora houvesse lá cento e sessenta igrejas e mais vinte mosteiros e conventos, pode-se dizer que era quase uma favela sem Deus. A população era pobre e mal educada, morando em casas mal conservadas. Muitos tinham passado do Catolicismo para a maçonaria.

A Polônia vivia uma grande turbulência política durante a chegada de Clemente em 1787. O rei Estanislau II era virtualmente um fantoche nas mãos de Catarina II da Rússia. Anos antes, em 1772, tinha ocorrido a primeira divisão do país: Áustria, Rússia e Prússia dividiram a presa. Divisão semelhante haveria de suceder de novo em 1793 e pela terceira vez em 1795. Napoleão e seu grande exército conquistador, em marcha pela Europa, haveria de aumentar a tensão política. Durante os vinte anos que Clemente passou em Varsóvia, quase não teve um momento de paz.

Em Viena encontrou Pedro Kunzmann, um colega padeiro, e com ele teve uma vida eremita na Itália. Ele se tornou o primeiro irmão redentorista fora da Itália. Chegaram a Varsóvia sem um centavo. Encontraram-se com o Delegado Apostólico, o Arcebispo Saluzzo, que lhes confiou a Igreja de São Beno para o trabalho com os de língua alemã.

Iniciou um trabalho com os órfãos. Quando o número de meninos foi demasiado para sua casa, Clemente inaugurou o Refúgio Menino Jesus. Para dar comida e roupa aos garotos, tinha de pedir esmola.

No começo, quando os redentoristas abriram a igreja, havia pouca gente. O povo tinha muitas coisas que o afastavam de Deus e achava difícil confiar naqueles padres estrangeiros. Com o tempo, São Beno tornou-se o centro florescente da Igreja em Varsóvia.

Em 1791, quatro ano depois de sua chegada, os redentoristas ampliaram a casa dos meninos. Abriram um internato para meninas, posto sob a direção de algumas nobres senhoras de Varsóvia. O dinheiro para financiar tudo isso provinha de alguns benfeitores, mas Clemente ainda precisava mendigar à procura de ajuda para seus muitos órfãos.

Na igreja, Clemente, com seu grupo de cinco padres e três irmãos redentoristas, começou o que chamaram de missão perpétua. Quem fosse a São Beno, em qualquer dia, poderia ouvir sermões em alemão e em polonês. Os padres estavam disponíveis para atender confissões a qualquer hora do dia e da noite.

Em 1800, o crescimento era visível não só no trabalho na igreja, mas também na comunidade redentorista. O número de redentoristas trabalhando em São Beno era de vinte e um padres e sete irmãos. Havia também cinco noviços e quatro seminaristas poloneses.

Todo esse trabalho era feito em condições nada favoráveis. As batalhas chegaram a Varsóvia durante a Semana Santa de 1794. Os redentoristas, como todo morador da cidade, sentiram sua vida em perigo constante. Três bombas atravessaram o teto da igreja, mas não explodiram. Na ocasião das batalhas, Clemente e seus companheiros pregavam a paz. Isso apenas serviu para aumentar os gritos de protesto contra os redentoristas, considerados traidores.

Quase desde o princípio, foram atacados de dois lados. Politicamente eram estrangeiros. Outro tipo de ataque era ainda mais doloroso, um ataque pessoal, da parte de pessoas que deixaram a Igreja para se tornarem maçons. Encontravam-se em seus grupos secretos para tramar contra os católicos, prejudicar os sacerdotes, impedir o culto público e fechar as igrejas.

Os redentoristas tinham sempre de ficar atentos às emboscadas. Seus inimigos ficavam à espreita para atingi-los com pedras ou bater-lhes com varas. Certa vez, alguém deu um pernil envenenado aos padres. Quatro deles morreram intoxicados. Foi uma terrível tragédia para Clemente. Providencialmente, quatro jovens entraram na comunidade pouco depois desse incidente.

Ainda mais doloroso para Clemente foi perder seu colega e grande amigo Pe. Tadeu. Este recebeu um falso chamado para um doente. Muitas horas depois, foi lançado para fora de uma carruagem em grande velocidade, depois de ter sido torturado e moído de pancadas. Alguns dias depois, morreu em decorrência da agressão. Clemente ficou profundamente contristado com a morte do amigo.

Os ataques continuaram. Os redentoristas passaram a ser alvo de zombarias nos teatros. Os padres poloneses do lugar chegaram a tentar deter o trabalho feito pelos redentoristas. Depois de vinte anos edificando a fé do povo de Varsóvia, eram atacados, assaltados e atormentados. Em 1806 foi promulgada uma lei proibindo os sacerdotes locais de convidar os redentoristas para pregarem missões em suas paróquias. Veio depois uma lei que os impedia de pregarem e de ouvirem confissões na própria igreja de São Beno.

Diante disso, Clemente apelou diretamente ao Rei da Saxônia, que governava a Polônia na época. Embora soubesse do bem que os redentoristas estavam fazendo, ele era impotente para deter os maçons que queriam ver os redentoristas fora da Polônia. O decreto de expulsão foi assinado, no dia 9 de junho de 1808. Onze dias depois, a igreja de São Beno foi fechada e os quarenta redentoristas lá residentes foram levados para a prisão, onde ficaram quatro semanas, até lhes ser dada ordem de voltar cada qual para seu país.

VIENA: UM NOVO COMEÇO

Em setembro de 1808, depois de exilado da Polônia, Clemente chegou a Viena, onde ficaria até a morte, quase treze anos depois. Em 1809, quando as forças de Napoleão atacaram Viena, Clemente trabalhava como capelão em um hospital, cuidando dos muitos soldados feridos. O arcebispo, vendo seu zelo, pediu-lhe que cuidasse de uma pequena igreja italiana nessa cidade. Aí permaneceu quatro anos, até ser nomeado capelão das irmãs ursulinas, em julho de 1813.

Cuidando do bem-estar espiritual das irmãs e dos leigos que frequentavam sua capela, a verdadeira santidade de Clemente manifestou-se ainda mais claramente. Naquele altar, sua devoção revelava-o como homem de fé. No púlpito falava as palavras que o povo precisava ouvir. Pregava de tal modo que as pessoas pudessem conhecer os próprios pecados, experimentar a bondade de Deus e viver a vida conforme a vontade divina.

Naqueles primeiros anos do século XIX, Viena era um importante centro cultural europeu. Clemente gostava de entreter-se com estudantes e intelectuais. Os estudantes vinham, a sós ou em grupos, para sua casa, a fim de conversarem, fazerem uma refeição ou pedirem conselho. Boa parte deles se tornou redentorista. Trouxe para a Igreja muitos ricos e artistas.

Em Viena Clemente sofreu novos ataques. Por certo tempo, foi proibido de pregar. Depois foi ameaçado de expulsão, por se ter comunicado com seu Superior-Geral redentorista em Roma. Antes que a expulsão fosse oficializada, o Imperador Francisco da Áustria deveria assiná-la. Na ocasião, o Imperador fez uma peregrinação a Roma, onde visitou o papa Pio VII, e ficou sabendo quanto era estimada sua obra. Soube também que podia recompensá-lo por seus anos de serviço dedicado, permitindo-lhe começar uma fundação redentorista na Áustria.

Assim, em vez de um decreto de expulsão, ganhou uma audiência com o Imperador Francisco. Rapidamente os planos estavam feitos. Foi escolhida e restaurada uma igreja para se tornar a primeira fundação redentorista na Áustria. Mas isso haveria de se iniciar sem Clemente. Ele caiu doente, no início de março de 1820, e morreu, no dia 15 de março do mesmo ano. Morreu com a gratificante notícia de que seu segundo sonho tinha sido realizado.

CONCLUSÃO

Clemente Hofbauer foi beatificado no dia 29 de janeiro de 1888 pelo papa Leão XIII. Foi canonizado como santo em 20 de maio de 1909. Em 14 de janeiro de 1914, o papa Pio X concedeu-lhe o título de Apóstolo e Patrono de Viena.

O que fez de Clemente um santo? Não fez nenhum milagre que nos deslumbrasse, nem teve visões para nos maravilhar. Teve até faltas, um temperamento alemão irritadiço, uma tendência a ser áspero. No entanto, se nós pudéssemos passar umas horas com ele, iríamos descobri-lo como um homem de uma fé excepcionalmente forte, de extraordinária calma e paz e de incansável zelo apostólico.

A simplicidade foi a principal característica de sua santidade. Aceitava a vontade de Deus do jeito que ela vinha e fazia todo o bem de que era capaz. Levou uma vida de inocência e de serviço, dedicando-se a louvar a Deus e a levar os outros a servi-lo. Por seu modo totalmente simples de se tornar santo, Clemente é um modelo para todos.

(Texto adaptado do Site da C.Ss.R.)

4

SÃO JOÃO NEPOMUCENO NEUMANN

República Tcheca, 1811 – Estados Unidos, 1860

Para nós, redentoristas, é uma alegria ter um santo pequeno na estatura, mas de muita importância para a Igreja e para a Congregação. Ele é o 4º bispo da cidade de Filadélfia. Ele nos revela uma face bonita de nosso carisma: dedicação aos pobres e capacidade de descobrir os caminhos mais acertados para a Igreja nos momentos difíceis. Lembremos que o protestantismo era forte e agressivo naqueles tempos. Os emigrantes, além de abandonados e sofridos, eram hostilizados por serem emigrantes e católicos.

Ele soube abrir um caminho importante, que deu bases para o catolicismo americano: a formação nas escolas católicas. Foi um organizador da vida diocesana, construindo, em poucos anos, uma catedral e oitenta igrejas. Soube alimentar a vida espiritual com a introdução da Adoração das Quarenta Horas, devoção em voga em seu tempo.

Foi o primeiro a entrar na Congregação nas terras americanas; foi superior dos redentoristas e nomeado bispo, ministério que realizou durante poucos anos.

UM HOMEM, UMA HISTÓRIA COMUM

João Nepomuceno Neumann nasceu em Prachatitz, na Boêmia (Atual República Tcheca), em 28 de março de 1811. O pai, Felipe Neumann, tecelão, fabricante de meias, era um tanto autoritário, frio e distante. A mãe, Agnes Lebis, compensava em sua dedicação aos filhos. Ele era o terceiro de 6 irmãos. Duas irmãs se casaram, uma se fez religiosa e o irmão, mais tarde, foi para os Estados Unidos e se fez Irmão redentorista. A irmã mais nova cuidou dos pais.

João era de pequena estatura (1,60m), calado, tímido, mais dado à reflexão, tendo um coração piedoso. No início de seus estudos, não pensava na vocação sacerdotal. Julgava longe de suas possibilidades. Herdou do pai o gosto pela leitura. Fez os primeiros sete anos do estudo, e o pai quis tirá-lo da escola. Em 1823, com doze anos, foi para Budweis, onde estudou em um colégio de padres, sem pensar em vocação, morando em um alojamento, o que prejudicou seus estudos. Ao entrar para a universidade, não teve ainda uma definição. A mãe o animou: “Se Deus te chama, vai te ajudar”. Fez dois anos de filosofia com os cistercienses. Havia um problema para entrar no seminário. Eram vinte vagas, e havia noventa candidatos. Estava com vinte anos. Como o seminário estava pequeno para os cento e setenta seminaristas teólogos, morou em casa particular. Terminou os estudos de teologia na Universidade Charles Ferdinand, em Praga. Seu diário traz-nos informações de seu interior justo e correto, sobretudo cheio de fé. Devia enfrentar também as doutrinas errôneas que penetravam todos os ambientes.

VOCAÇÃO MISSIONÁRIA

Durante a teologia, ouviu a conversa de um colega sobre ser missionário. Havia uma fundação chamada Fundação Leopoldina, em memória da Imperatriz Leopoldina da Áustria, esposa de D. Pedro I, para apoio das missões no estrangeiro. Neumann gostava de artigos e de revistas missionárias. Ele se decidiu e preparou-se para o estudo de línguas. Um dia, foram procurar no seminário jovens preparados para trabalhar nas embaixadas. Um colega o animou a ir, pois era uma estrela. Neumann mostrou no mapa da América: "lá vou ser sol". Um sacerdote, Pe. Hermann Dichtl, procurava jovens seminaristas para irem para a América, para a diocese de Filadélfia. João estava certo de seu chamado ao sacerdócio, mas todas as portas para seguir essa vocação pareciam fechar-se a sua frente.

Assim, terminados os estudos, seria ordenado e depois iria para as missões. Aconteceu o pior. O superior do seminário decidiu adiar as ordenações por um motivo simples: havia padres demais. Para complicar, o bispo não lhe deu as "cartas demissórias" (documentos para a ordenação). O dinheiro da organização Leopoldina não chegava, nem os documentos ficavam prontos. O Pe. Hermann fez coletas para o pagamento da passagem. O grande problema foi a dor da família com essa partida. Saiu de casa no dia 8 de fevereiro de 1836. Não mais veria sua mãe.

As dificuldades continuaram. O dinheiro prometido para viagem não apareceu. Começou sua viagem indo para Paris. Em Estrasburgo recebeu do bispo local uma carta de recomendação que lhe seria muito útil. Em Paris não recebeu um dinheiro prometido. Depois de muitos percalços, chegou ao porto de Havre. O navio Europa estava ancorado, e ele conseguiu do capitão um bom preço na passagem, mas sem cabine nem comida. Ele comprou umas coisas e fez a longa viagem de quarenta e um dias, chegando a Nova York, no dia 1º de junho. Para seguir a vocação divina ao sacerdócio, teve de deixar sua terra para sempre e viajar através do oceano para um país novo e primitivo.

Finalmente, chegando a Nova York, o bispo consentiu em ordená-lo. Neumann disse: "mas não tenho as cartas demissórias". O bispo respondeu que as dispensava, pois precisava de padres e não de cartas. Deu-lhe dez dias para se preparar. Foi ordenado no dia 25 de junho de 1836. Tinha vinte e cinco anos.

Em Nova York, João era um dos trinta e seis padres para duzentos mil católicos. Sua paróquia, Búfalo, a oeste de Nova York, ia do Lago Ontário até a Pensilvânia. Ali fervilhavam os emigrantes. Ele trabalhou uns dias em Rochester, ajudando um padre irlandês. Por esse tempo, conheceu o Pe. Prost, um redentorista alemão, muito alegre. Dele ouviu a frase: "Ai de quem vive sozinho". Assumiu uma zona rural de 2.000 km quadrados. Sua igreja não tinha torre nem piso, mas isso não importava, porque João passava a maior parte do tempo viajando de cidade em cidade, subindo montanhas para visitar os doentes, detendo-se em pensões ou tavernas, para ensinar, e celebrando missas sobre mesas de cozinha. Depois de três anos, sem contato com a família, apareceu seu irmão Wenceslau, que foi ajudá-lo. Por causa do isolamento de sua paróquia, João desejava uma comunidade e, assim, entrou para os redentoristas, Congregação de padres e irmãos dedicados a ajudar os pobres e os mais abandonados.

O PRIMEIRO REDENTORISTA DO NOVO MUNDO

Depois de quatro anos de duros trabalhos, foi repousar uns dias na casa dos redentoristas. Decidiu ser redentorista. Seu irmão foi junto e decidiu ser Irmão, apesar de o Pe. Prost aceitá-lo como candidato ao sacerdócio. Neumann entrou para o noviciado, que, na verdade, foi especial, pois fazia muito trabalho apostólico, estando, às vezes, sozinho em casa ou mesmo indo para longe a serviço da comunidade. Ele foi o primeiro a entrar para a Congregação na América do Norte. Fez os votos em Baltimore no dia 16 de janeiro de 1842. Tinha trinta e um anos.

Seu conhecimento de sete línguas modernas tornou-o particularmente capacitado para trabalhar na sociedade cosmopolita americana do século XIX. Era muito culto. Além do grego, latim e hebraico, falava com facilidade nove línguas modernas, o que ajudava no atendimento das confissões: alemão, inglês, francês, boêmio, grego moderno, italiano, o gaélico (língua da Irlanda) e um pouco de espanhol, que aprendeu nos Estados Unidos.

Depois de trabalhar em Baltimore e em Pittsburgh, em 1847, foi nomeado Visitador ou Superior maior dos redentoristas nos Estados Unidos. O Pe. Frederick von Held, Superior da Província belga, à qual pertenciam as casas americanas, disse: "É um grande homem, que combina a piedade com uma personalidade forte e prudente". Ele precisou dessas qualidades durante os dois anos em que exerceu o cargo de superior regional, pois a fundação americana estava passando por um penoso período de adaptação. Quando ele passou o cargo para o Pe. Bernard Hafkenscheid, os redentoristas dos Estados Unidos se preparavam para se tornarem uma província autônoma, o que ocorreu em 1850.

Dois santos amigos: quando Neumann era pároco e superior, teve como confrade jovem outro grande homem: Pe. Francisco Xavier Seelos, agora beato. Os dois eram amigos, e Seelos aprendeu dele a vida espiritual e a prática pastoral. Dois santos devem se entender bem.

BISPO DE FILADÉLFIA

Pe. Neumann foi nomeado superior da comunidade de Baltimore, em 1º de abril de 1851. Poucos dias depois, morreu o bispo local e para lá foi o bispo de Filadélfia, ficando vaga a diocese. No dia 1º de março, foi nomeado bispo de Filadélfia, e foi ordenado em Baltimore, em 28 de março de 1852. Tinha quarenta e um anos e era o mais novo dos Estados Unidos. Sua diocese era muito grande e passava por um período de desenvolvimento considerável.

Como bispo, foi o primeiro a organizar um sistema diocesano de escolas católicas. Fundador da educação católica em sua região, aumentou o número das escolas católicas em sua diocese de duas para cem. Fundou as irmãs da Ordem Terceira de São Francisco para ensinar nas escolas. Escreveu numerosos artigos em revistas e jornais católicos e também publicou dois catecismos e, em 1849, uma história bíblica para as escolas. As escolas paroquiais são a base do catolicismo americano.

Instituiu a Adoração das Quarenta Horas para o bem da diocese. Entre as mais de oitenta igrejas construídas durante seu episcopado, deve ser mencionada a catedral de São Pedro e São Paulo. Outra realização de Neumann é a construção de escolas paroquiais em todas as paróquias. Seu lema: "Uma igreja e, ao lado, uma escola paroquial". Entre suas grandes dificuldades, encontrou a agressividade dos protestantes. Não era bispo de escritório. Viajava pela diocese. Teve de lutar contra as comissões de finanças das paróquias que abusavam e se aproveitavam. Até processos teve de suportar.

Em 8 de dezembro de 1854, em Roma, teve a grata alegria de poder participar da proclamação do Dogma da Imaculada Conceição, segurando para o papa Pio IX o livro da proclamação. Seu nome está marcado em uma das lápides comemorativas, dentro da Basílica de S. Pedro. Teve uma entrevista com o Papa, que lhe sugeriu fundar uma congregação de irmãs para suprir as necessidades das escolas paroquiais. Foi o que fez criando a congregação das Irmãs da Terceira Ordem de S. Francisco. Nessa viagem passou pela terrinha. Seu pai ainda vivia e tinha oitenta anos. Festa calorosa!

Em uma reunião dos bispos de sua região, propôs sugerir ao Papa que elevasse a dia santo a festa da Imaculada Conceição. Lutou pela fundação de um seminário nacional americano em Roma, o que se realizou mais tarde. Pediu também a divisão de sua diocese em duas, pois era muito grande. Não conseguiu, mas ganhou um bispo coadjutor, na pessoa do Padre Jaime Frederico Wood, seu amigo. Neumann cuidaria do interior e o Frederico cuidaria do centro e da construção da catedral. Ele entendia do assunto.

Neumann, mesmo sendo bispo, continuou um redentorista em sua vida e em sua prática espiritual e pastoral. Todo mês fazia o retiro na comunidade e ajudava a arrumar a cozinha. No último retiro de 1859, prometeu celebrar a missa da noite no Natal na igreja redentorista. Foi, confessou muita gente, celebrou a missa da meia-noite. Alguns perceberam que ele não estava bem. Neumann, como bispo, continuava usando a batina redentorista, colocando a cruz peitoral e a faixa roxa.

VIDA BREVE COM MUITAS REALIZAÇÕES

Dando sinais de não estar bem, iniciou com ânimo o novo ano. No dia 5 de janeiro de 1860 (aos quarenta e oito anos), saiu depois do almoço para ir ao correio despachar um cálice para um sacerdote de Bellefonte. O relógio do correio marcava quinze horas e meia. Andando pela rua Vine, cambaleou e caiu. Foi levado para a casa n. 1218, logo em frente, onde terminou sua vida sobre o tapete da sala.

Seu funeral foi grandioso. Foi enterrado na igreja São Pedro, dos redentoristas. O bispo disse: “Que ele descanse onde sempre morou seu coração: entre seus confrades redentoristas”. Seu túmulo tornou-se lugar de peregrinação. Quatro milagres foram reconhecidos para a beatificação e canonização.

Foi beatificado pelo papa Paulo VI, em 13 de outubro de 1963, e canonizado pelo mesmo Papa, em 19 de junho de 1977. Assim se expressou Paulo VI em sua canonização: “Estava junto aos doentes, gostava de se encontrar com os pobres, era amigo dos pecadores e hoje é a honra de todos os emigrantes”. “Neumann foi sensível aos sofrimentos, à opressão, à pobreza e a todas as necessidades do próximo. A primeira das quais é a necessidade da verdade.”

II
BEATOS

1

BEATO PEDRO DONDERS

Holanda, 1809 – Suriname, 1887

Pedro Donders nasceu em Tilburg, Holanda, no dia 27 de outubro de 1809, filho de Arnold Denis Donders e Petronella van den Brekel. Devido à pobreza da família, os dois filhos pouco puderam estudar, pois tiveram de trabalhar para o sustento da casa. No entanto, desde tenra idade, Pedro tinha o desejo de se tornar sacerdote. Com o auxílio do clero de sua paróquia, aos vinte anos, pôde começar os estudos no seminário menor. Posteriormente foi ordenado sacerdote, em 5 de junho de 1841.

Enquanto ainda cursava os estudos teológicos, foi orientado pelos superiores do seminário para as missões da colônia holandesa do Suriname. Chegou a Paramaribo, capital da colônia, em 16 de setembro de 1842, e dedicou-se imediatamente aos trabalhos pastorais que haveriam de ocupá-lo até a morte. Suas primeiras obrigações consistiram em visitas regulares às plantações ao longo dos rios da colônia, onde ele pregava e administrava os sacramentos, sobretudo, aos escravos. Suas cartas exprimem sua indignação com o áspero tratamento reservado aos africanos, forçados ao trabalho nas plantações.

Em 1856 foi enviado à colônia dos leprosos de Batávia; e esta haveria de ser, com poucas interrupções, o cenário de seus trabalhos para o resto de sua vida. Em sua caridade, ele não apenas oferecia aos pacientes os benefícios da religião, mas também cuidava deles pessoalmente, até que conseguiu persuadir as autoridades a providenciar serviços adequados de enfermagem. De muitos modos, conseguiu melhorar as condições de vida dos leprosos, por meio de sua energia em levar as necessidades deles ao conhecimento das autoridades da colônia. Quando, em 1866, os redentoristas chegaram para assumir a missão do Suriname, Pe. Donders e um sacerdote, seu companheiro, pediram admissão na Congregação.

Os dois candidatos fizeram o noviciado sob a direção do Vigário Apostólico, o bispo Dom João Batista Winkels, e professaram os votos, em 24 de junho de 1867. Pe. Donders voltou imediatamente para Batávia. Por causa da assistência que até então ele dava ao trabalho com os leprosos, pôde dedicar-se a uma obra que, por longo tempo, quis fazer. Como redentorista, ele então voltaria sua atenção para os povos indígenas do Suriname. Prosseguiu esse serviço, antes negligenciado por falta de pessoal, quase até a morte. Começou a aprender as línguas dos nativos e instruí-los na fé cristã, até que o declínio de suas forças o obrigou a deixar para os outros o que tinha começado.

Em 1883 o Vigário Apostólico, desejando aliviá-lo dos pesados encargos que tinha assumido por tanto tempo, transferiu-o para Paramaribo e depois para Coronie. No entanto ele voltou para Batávia em 1885. Exerceu suas ocupações anteriores até que a saúde enfraquecida finalmente o prendeu ao leito, em dezembro de 1886. Ainda viveu mais duas semanas até sua morte em 14 de janeiro de 1887. A fama de sua santidade espalhou-se no Suriname e em sua pátria, a Holanda. Sua causa foi introduzida em Roma, e, em 23 de maio de 1982, ele foi beatificado pelo papa João Paulo II.

2

BEATO GASPAR STANGGASSINGER

Alemanha, 1871-1899

"Os santos têm intuições especiais", escrevia Stanggassinger. Mas o que é importante para mim, que não sou um santo, são simplesmente as verdades eternas: a Encarnação, a Redenção e a Santíssima Eucaristia.

Gaspar Stanggassinger nasceu em 1871 em Berchtesgaden, no sul da Alemanha. Foi o segundo filho de doze irmãos. O pai dele, respeitado por todos, era camponês e possuía uma pedreira.

Desde menino desejava ser padre. Nos anos de infância, Gaspar gostava de brincar de ser padre; pregava curtos sermões a seus irmãos e suas irmãs; levava-os até mesmo em procissão para uma capela na montanha não muito distante de sua casa.

Aos dez anos foi para Freising continuar seus estudos, que achava particularmente difíceis. Seu pai advertira-o que, se não passasse nos exames, deveria abandonar a escola. À força de vontade, com grande aplicação e fidelidade na oração, fez constantes progressos. Nos anos seguintes, durante as férias, juntou-se a grupos de jovens, que ele afervorava na vida cristã, animando-os a formarem entre si um grupo e ajudava-os a organizarem o tempo livre. Diariamente o grupo assistia à missa e fazia viagens ou peregrinações.

Gaspar era muito dedicado a eles e, até mesmo, em uma ocasião, correu risco de vida para salvar um companheiro durante a escalada na montanha.

Ele entrou para o seminário diocesano de Munique e Freising em 1890 para começar os estudos de teologia. Para descobrir melhor a vontade de Deus, entregou-se a um rigoroso programa de oração. Bem depressa viu claramente que o Senhor o chamava a viver sua vocação como religioso. Depois de uma visita aos redentoristas, sentiu o desejo de seguir a vocação deles como missionário. Apesar da oposição de seu pai, entrou para o noviciado redentorista em Gars, em 1892, e foi ordenado sacerdote em Regensburg em 1895. Gaspar Stanggassinger entrou na Congregação do Santíssimo Redentor para ser missionário, mas seus superiores destinaram-no à formação de futuros missionários, como vice-diretor do pequeno seminário de Dürenberg, nas proximidades de Hallein. Dedicou-se completamente ao que lhe tinha sido confiado.

Como religioso, tinha feito o voto de obediência e isso ele o viveu de um modo claro e constante. Toda semana, durante vinte e oito horas, dava suas aulas e sempre estava disponível para os jovens seminaristas. Aos domingos, ajudava nas igrejas das cidades vizinhas, sobretudo pregando.

Apesar desse programa de trabalho, estava sempre disponível de um modo paciente e compreensivo para ajudar as necessidades do outro, principalmente dos estudantes que viam nele mais um amigo que um superior.

Embora o regulamento de formação fosse muito rigoroso, Gaspar nunca se comportou com dureza. Como tinha sempre o sentimento de ter ofendido alguém, desculpava-se com humildade.

Profundamente devoto do Senhor e do Sacramento da Eucaristia, convidava em suas pregações o povo, em especial a juventude, a recorrer ao Santíssimo Sacramento nos momentos de necessidade ou de dúvida. Animava-o a ir até o Cristo para o adorar e falar com Ele como a um amigo. Frequentemente, recomendava aos fiéis que levassem muito a sério a vida cristã, que crescessem na fé mediante a oração e por meio de uma conversão contínua. O estilo dele era direto e convincente, sem ameaças de castigos, em contraste com o que era habitual nas pregações de seu tempo.

Em 1899, os redentoristas abriram um seminário novo em Gars. O Padre Gaspar Stanggassinger foi nomeado seu Diretor. Ele estava então com vinte e oito anos. Ele teve apenas o tempo de pregar um retiro para os estudantes e de participar da abertura do ano escolar. No dia 26 de setembro, sua peregrinação terrestre chegou ao fim, por causa de uma peritonite.

A causa de sua canonização começou em 1935 com a transferência de seus restos para a capela lateral da igreja de Gars.

Foi proclamado Beato pelo papa João Paulo II no dia 24 de abril de 1988.

3

BEATO JANUÁRIO SARNELLI

Itália, 1702-1744

Januário Maria Sarnelli, filho do Barão de Ciorani, nasceu em Nápoles, no dia 12 de setembro de 1702.

Quando tinha catorze anos, acompanhou a beatificação de Francisco Régis e decidiu tornar-se jesuíta. Foi logo desencorajado por seu pai, devido a sua pouca idade. Começou, então, os estudos de jurisprudência e doutorou-se em leis eclesiásticas e civis em 1722. Logo se destacou na Associação dos Advogados e inscreveu-se na Ordem dos Cavaleiros das Profissões Médico-Legais, dirigida pelos Pios Operários em São Nicolau de Toledo. Entre as normas dessa associação, havia a obrigação de visitar os doentes no Hospital dos Incuráveis. E foi nesse ambiente que ele se sentiu chamado ao sacerdócio.

Em setembro de 1728, tornou-se seminarista e foi incardinado pelo Cardeal Pignatelli, como clérigo na paróquia de Santana di Palazzo. No dia 4 de junho de 1729, com o objetivo de estudar em condições mais favoráveis, tornou-se interno no Colégio da Sagrada Família, conhecido como o Colégio Chinês, fundado por Mateus Ripa. No dia 8 de abril do ano seguinte, deixou o colégio e, no dia cinco, começou o noviciado na Irmandade das Missões Apostólicas, composta de padres seculares de alto nível, à qual pertencia também S. Afonso. Aí aprendeu a pregar missões.

No dia 28 de maio de 1731, concluiu seu noviciado. Em 8 de julho do ano seguinte, foi ordenado sacerdote. Durante esses anos, além de visitar o hospital, ele se empenhou em ensinar catecismo às crianças, que, na época, já eram obrigadas a trabalhar. Visitava também os velhinhos no Asilo de São Januário, os condenados perpétuos e os que se encontravam internados por doenças. Nesses anos, ele desenvolveu sua amizade com Santo Afonso de Ligório e entrou em contato com seu apostolado. Juntos, eles se dedicaram a ensinar catecismo aos leigos adultos, organizando reuniões à noite, nas capelas vespertinas.

Após sua ordenação, foi designado pelo Cardeal Pignatelli Diretor de Instrução Religiosa na paróquia de São Francisco e São Mateus, no Bairro Espanhol. Tornando-se consciente e preocupado com a realidade gritante da corrupção de meninas, decidiu canalizar suas energias contra a prostituição. Nesse mesmo período (1733), ele, corajosamente, defendeu seu amigo, Afonso de Ligório, contra críticas infundadas e injustas, após a fundação da Congregação Missionária do Santíssimo Redentor, em Scala, no dia 9 de novembro de 1732.

REDENTORISTA

Em junho de 1733, tendo ido a Scala para ajudar os redentoristas na missão de Ravello, decidiu tornar-se também redentorista, continuando, ao mesmo tempo, membro das Missões Apostólicas. Após sua entrada para a Congregação, em abril de 1736, ele se dedicou sem restrições às missões paroquiais e a escrever. Escreveu, principalmente, em defesa das "meninas em perigo" e sobre a vida espiritual. Trabalhava a tal ponto que chegou à beira da morte. Com o consentimento de Santo Afonso, voltou a Nápoles, para tratamento da saúde, onde retomou seu apostolado de recuperação das prostitutas.

Fazendo um apostolado redentorista juntamente com as Missões Apostólicas, ele incentivou, junto aos leigos, a meditação em comum, publicando “O Mundo Santificado”. Fez também campanhas contra a blasfêmia, em outro livro que escreveu. Em 1741, participou com Santo Afonso da grande missão pregada nos arredores de Nápoles, em preparação à visita canônica do Cardeal Spinelli. Apesar da precariedade de sua saúde, continuou a pregar até o fim de abril de 1744, quando sua saúde decaiu, e ele, muito doente, voltou a Nápoles, onde morreu no dia 30 de junho, com a idade de apenas quarenta e dois anos. Seu corpo jaz na igreja de Ciorani, a primeira igreja redentorista, no terreno doado por seu pai, Barão de Sarnelli.

Januário Maria Sarnelli deixou-nos trinta escritos, entre meditações, teologia mística, direção espiritual, leis, pedagogia, temas morais e pastorais. Devido a seus trabalhos sociais em defesa da mulher, é considerado um dos mais importantes autores que trataram desse assunto na Europa, na primeira metade do século dezoito.

No dia 12 de maio de 1996, o papa João Paulo II beatificou-o na Praça de São Pedro, Cidade do Vaticano.

4

BEATO FRANCISCO XAVIER SEELOS

Alemanha, 1819 – Estados Unidos, 1867

Francisco Xavier Seelos nasceu no dia 11 de janeiro de 1819 em Füssen, Baviera, Alemanha. Foi batizado no mesmo dia na igreja paroquial de São Mang. Desde pequeno mostrava um grande desejo de se tornar padre e entrou para o seminário diocesano em 1842, após completar seus estudos de filosofia.

Pouco tempo depois de ter conhecido os missionários da Congregação do Santíssimo Redentor, fundada para a evangelização dos mais abandonados, decidiu entrar para essa Congregação e trabalhar com os imigrantes de língua alemã nos Estados Unidos. Ele foi aceito pela Congregação Redentorista, nos Estados Unidos, no dia 22 de novembro de 1842, e, no ano seguinte, embarcou no porto de Le Havre, na França, chegando a Nova York, no dia 20 de abril de 1843.

No dia 22 de dezembro de 1844, após completar o noviciado e os estudos de teologia, Seelos foi ordenado sacerdote na igreja redentorista de São Tiago em Baltimore, Maryland, USA. Depois da ordenação, trabalhou por nove anos na paróquia de Santa Filomena em Pittsburgh, no estado de Pensilvânia, primeiramente, por seis anos, como coadjutor de São João Neumann, superior da comunidade religiosa, e, nos últimos três anos, como superior e pároco.

Durante esse tempo, foi também mestre dos noviços redentoristas. Com Neumann dedicou-se à pregação das missões. Quanto ao relacionamento entre os dois, Seelos disse: "Ele me introduziu na vida ativa" e "foi meu diretor espiritual e confessor". Sua disponibilidade e bondade natural no entender e responder às necessidades dos fiéis fizeram-no logo muito conhecido como excelente confessor e diretor espiritual, a tal ponto que acorriam a ele pessoas de cidades vizinhas.

Fiel ao carisma redentorista, praticou um estilo simples de vida e desenvolveu uma maneira simples de se expressar. Os temas de sua pregação, ricos em conteúdos bíblicos, sempre foram ouvidos e entendidos pelas pessoas mais simples. Dedicava-se, com grande esforço em suas atividades pastorais, à instrução das crianças na fé. Considerava seu trabalho ministerial fundamental para o crescimento da comunidade cristã na paróquia.

Em 1854, foi transferido de Pittsburgh para Baltimore; depois em 1857 para Cumberland e, em 1862, para Annapolis, sempre engajado no ministério paroquial e trabalhando na formação de futuros redentoristas, como prefeito dos estudantes. Quanto a esse trabalho mostrava-se sempre pastor bondoso e feliz, muito atento às necessidades de seus estudantes e consciente da importância da formação doutrinal. Acima de tudo, empenhou-se em incutir nesses futuros redentoristas o entusiasmo missionário, o espírito de sacrifício e o zelo apostólico para o bem espiritual e temporal do povo.

Em 1860, foi proposto como candidato a bispo da diocese de Pittsburgh. O papa Pio IX aceitou suas razões para não ser eleito. De 1863 a 1866, ele se dedicou à vida de missionário itinerante, pregando em inglês e alemão nos dez estados de Connecticut, Illinois, Michigan, Missouri, Nova Jersey, Nova York, Ohio, Pensilvânia, Rhode Island e Wisconsin.

Após um breve tempo no ministério paroquial em Detroit, Michigan, em 1866 foi designado para a comunidade redentorista de Nova Orleans, estado de Louisiana, no sul dos Estados Unidos. Também ali, na Igreja de Santa Maria da Assunção, ficou logo conhecido por sua disponibilidade aos fiéis e pela preocupação especial com os mais pobres e abandonados.

Os planos de Deus, no entanto, reservaram-lhe um curto ministério em Nova Orleans. No mês de setembro, exausto com as visitas e o cuidado das vítimas da peste da febre amarela, ele próprio contraiu a doença fatal. Depois de sofrer pacientemente por algumas semanas, Pe. Francisco Xavier Seelos passou à vida eterna, no dia 4 de outubro de 1867, quando tinha apenas quarenta e oito anos e nove meses.

No dia 9 de abril do solene Ano Jubilar 2000, na Praça São Pedro no Vaticano, Sua Santidade, o papa João Paulo II, proclamou beato o Pe. Seelos.

BEATOS UCRANIANOS

A relação da Congregação Redentorista com as Igrejas de Rito Oriental, especialmente com a Igreja Greco-Católica Ucraniana, começa quando um grupo de redentoristas belgas, liderados pelo Pe. Achilles Delaere, em 1898, estabelecem-se no Canadá, a pedido do arcebispo Louis Philip Adélard Langevin, para atender especialmente ao número de imigrantes poloneses e ucranianos que chegavam àquele país. A maioria desses imigrantes são cristãos que seguem o rito oriental Bizantino e estão sem nenhum tipo de assistência religiosa.

Em 1906, para melhor atender aos imigrantes ucranianos e polacos, o Padre Delaere consegue a autorização do papa Pio X para celebrar a missa no rito Bizantino. Além de Delaere, vários outros padres redentoristas se propõem a aprender os ritos e as formas rituais para celebrarem a missa no rito Oriental. Em 1912, é criada a Igreja Greco-Católica Ucraniana do Canadá, em comunhão com Roma.

Em 1913, um acordo entre o superior-geral da Congregação Redentorista, Pe. Murray, e o metropolita da Igreja greco-católica ucraniana, Andrey Sheptytsky, leva ao estabelecimento de um grupo de redentoristas belgas em Lviv, na região da Galícia, de onde formam um novo ramo da Congregação, baseado no rito Oriental. A partir de Lviv, os redentoristas rapidamente se espalham por outras localidades e, com seu trabalho missionário, atraem muitas vocações para a Congregação.

Em 1919, é criada a República socialista da Ucrânia e, em 1922, ela passa a fazer parte da União das Repúblicas Socialistas Soviéticas (URSS). Nos anos 1930, o líder soviético Josef Stalin inicia uma forte perseguição à população ucraniana. Essa perseguição atinge também a Igreja Greco-Católica Ucraniana, que passa a ser vigiada de perto pela polícia secreta soviética. Nesse contexto, muitos dos membros da Igreja são presos, torturados, enviados para campos de trabalhos forçados (Gulogs) e outros são assassinados. Os soviéticos acusam os membros da Igreja greco-católica de espiões e de estarem a serviço de Roma para subverter o povo. Em 1946, a Igreja greco-católica ucraniana é proibida. Mas, mesmo proibida, ela continua existindo na clandestinidade e é reestabelecida oficialmente em 1987.

Foi nesse cenário de perseguição que viveram e deram testemunho do Evangelho com a própria vida muitos redentoristas, entre esses Basílio, Nicolau, Zenão, Ivan e Metódio, beatificados pelo papa João Paulo II, em 2001.

5

BEATO NICOLAU CHARNETSKYI

Ucrânia, 1884-1959

Nicolau Charnetskyi nasceu no dia 14 de dezembro de 1884, em Semakivka, aldeia da Ucrânia ocidental, em uma família numerosa e piedosa de camponeses. Nicolau era o mais velho de nove irmãos. Recebeu a instrução primária na aldeia de Tovmach e entrou no ginásio São Nicolau (curso de Letras) em Stanislaviv (atualmente Ivano-Frankivsk).

Nicolau descobriu sua vocação para o sacerdócio quando era jovem e logo manifestou a intenção de tornar-se sacerdote. Em 1903 o bispo Hryhoriy Khomyshyn enviou-o a Roma para estudar. Durante a curta visita de Nicolau à Ucrânia, o bispo Hryhoriy Khomyshyn ordenou-o sacerdote, em 2 de outubro de 1909. Pe. Nicolau regressou depois a Roma, a fim de prosseguir seus estudos e receber o grau de doutor em teologia.

A partir do outono de 1910, Pe. Nicolau foi professor de filosofia e de teologia dogmática no seminário de Stanislaviv. Era também o Diretor Espiritual do mesmo seminário. No fundo de seu coração, porém, seu desejo era a vida religiosa. Por isso, em outubro de 1919, entrou no noviciado redentorista em Zboiska, perto de Lviv, e um ano depois, em 16 de outubro de 1920, fez os votos como redentorista.

Cheios de ânimo para trabalhar pela reconciliação dos cristãos e converter as pessoas espiritualmente abandonadas, em 1926 os redentoristas da Província de Lviv fundaram um centro missionário em Kovel, na região chamada Volhyn. Pe. Nicolau, que era um ardoroso missionário, foi mandado para lá. Bem cedo ganhou o máximo respeito do povo do lugar até mesmo do clero ortodoxo. Fundou um convento e uma igreja em Kovel e deu o melhor de si para preservar a pureza dos ritos litúrgicos orientais. Em 1931, em atenção ao devotado trabalho do Pe. Nicolau, o papa Pio XI nomeou-o bispo titular de Lebed e Visitador Apostólico dos Católicos ucranianos nas regiões Volhyn e Pidliashsha. Essas regiões tornaram-se o campo de apostolado do Pe. Nicolau, primeiro como missionário, depois como bispo, por quase catorze anos.

Como primeiro bispo ucraniano redentorista, sofreu perseguição desde o início de sua atividade. Durante a ocupação soviética da Ucrânia Ocidental em 1939, os redentoristas foram forçados a deixar a região de Volhyn, e Dom Nicolau foi transferido para Lviv, para o convento da Rua Zyblykevycha, que hoje se chama Ivana Franka.

Com a reabertura da Academia Teológica de Lviv em 1941, D. Nicolau Charnetskyi trabalhou na faculdade da Academia como professor de filosofia, psicologia e teologia moral. Sua calma, baseada em uma fé robusta e inabalável, seu espírito de obediência e de oração davam a seus estudantes bons motivos para considerar seu professor um santo. D. Nicolau Charnetskyi era para eles uma figura exemplar como religioso e como pessoa virtuosa.

Em 1944 as tropas soviéticas entraram na Galícia pela segunda vez. Isso marcou o início do calvário de Dom Nicolau. Foi preso em 11 de abril de 1945 e mantido na prisão da polícia secreta soviética, na Rua Lonskoho. Nesse lugar, o bispo sofreu muitas aflições:

interrogatórios altas horas da noite, cruéis sevícias e torturas. Mais tarde, foi transferido para Kiev, onde passou mais um ano de sofrimento, até que seu processo chegou ao tribunal. Foi condenado a dez anos de prisão pelo crime de ser um "agente do Vaticano". Cumpriu a pena juntamente com o metropolita Yosyf Slipyi, primeiro na cidade de Mariinsk, na região de Kameroc (Sibéria), e depois em várias outras prisões.

Conforme fontes fidedignas, enquanto esteve no cárcere (desde sua prisão em Lviv, em abril de 1945, até sua libertação em 1956), D. Nicolau passou mais de seiscentas horas submetido à tortura e a interrogatórios, sendo, por várias vezes, preso em trinta prisões e campos de concentração. Apesar de todos esses sofrimentos, o bispo sempre conseguiu encontrar uma palavra de consolo para seus colegas de prisão. Deu-lhes apoio moral e conhecia a todos pelo nome. Não admira que D. Nicolau fosse muito popular entre os prisioneiros, sendo a única fonte de consolo para eles.

D. Nicolau passou seus últimos anos de cárcere no hospital da prisão em Mordóvia. Em 1956, sua saúde decaiu tanto que os médicos não tinham nenhuma esperança de ele sobreviver. Uma roupa especial, com a qual os presos eram sepultados, já tinha sido feita para ele. Levando em conta as condições desesperadas do bispo, para que o regime soviético pudesse evitar a censura de ter causado sua morte, a administração da prisão decidiu libertá-lo e enviá-lo a Lviv. Depois de seu retorno a Lviv, em 1956, e por ter contraído hepatite e uma série de outras doenças, Dom Nicolau foi imediatamente hospitalizado. Todos tinham certeza de que ele ia morrer em breve. Mas Deus tinha um plano diferente: decidiu prolongar a vida de um homem, cuja vida era tão valiosa e necessária para a Igreja ucraniana. Logo o bispo melhorou e instalou-se em um apartamento da Rua Vechirnia n. 7, com o Irmão Klymentiy, C.Ss.R. Aí D. Nicolau continuou seu apostolado de constância e oração. Passou a maior parte do tempo rezando e lendo. Os que visitaram o bispo nesse período testemunharam que o viram muitas vezes em um estado de êxtase. Durante sua estadia em Lviv, D. Nicolau continuou fiel a sua missão de Bom Pastor: confortava seus confrades espiritualmente, preparava candidatos para o sacerdócio e ordenou mais de dez padres.

Infelizmente, a recuperação "milagrosa" de Dom Nicolau Charnetskyi não durou muito. Em 2 de abril de 1959, o bispo faleceu santamente. Suas últimas palavras foram uma súplica de auxílio à Mãe do Perpétuo Socorro. Os funerais foram celebrados no dia 4 de abril de 1959. A notícia da cerimônia, conservada no arquivo da Província redentorista de Yorkton (Canadá), termina com as seguintes palavras: "Todos nós pensamos que chegará o dia de sua canonização, pois ele foi realmente um santo bispo".

Todos que conheceram Dom Nicolau são unânimes em testemunhar sua santidade. Não causou surpresa que, imediatamente após sua morte, muitas pessoas começassem a orar pedindo sua intercessão, junto de seu túmulo no cemitério de Lychakiv. Uma mulher, cujo braço estava para ser amputado, aplicou no braço terra do túmulo do bispo e ficou completamente curada. Desde então, o povo tem tirado terra de seu túmulo para pedir a cura de várias doenças.

Em vista dos testemunhos sobre a vida virtuosa de Dom Nicolau Charnetskyi e particularmente de sua constância, coragem e fidelidade à Igreja de Cristo durante o período de perseguição, o processo de beatificação começou em 1960. Em 2 de março de 2001, o processo estava terminado na eparquia, e a causa foi levada à Sé Apostólica. Em 6 de abril de 2001, a Comissão teológica reconheceu o fato do martírio; em 23 de abril, seu martírio foi constatado pela Assembleia dos Cardeais, e, em 24 de abril de 2001, Sua Santidade, o papa João Paulo II, assinou o decreto de beatificação de Dom Nicolau Charnetskyi, bem-aventurado mártir da fé cristã.

6

BEATO BASÍLIO VELYCHKOVSKYI

Ucrânia, 1903 – Canadá, 1973

Basílio Vsevolod Velychkovskyi nasceu no dia 10 de junho de 1903, em Stanislaviv, atualmente Ivano-Frankivsk. Seus pais, Volodymyr e Anna, pertenciam às famílias Velychkovskyi e Teodorovych, ambas com longa tradição de sacerdotes em seus lares, e educaram seus filhos no espírito da religiosidade cristã. Por isso Basílio tinha, desde criança, o desejo de trabalhar pela salvação de seus irmãos.

Basílio recebeu a instrução ginasial na cidade de Horodentsi. Ardente patriota, aos quinze anos, como estudante do ginásio, entrou para o Exército Ucraniano da Galícia, para lutar pela independência de sua pátria durante a Primeira Guerra Mundial. Depois de regressar são e salvo do exército, em 1920, Basílio entrou para o seminário de Lviv. Em 1924, foi ordenado diácono pelo metropolita Andrey Sheptytskyi. Foi nessa época que Basílio descobriu sua vocação religiosa. Com o auxílio de sua tia Mônica, entrou para o noviciado redentorista e, um ano mais tarde, no dia 29 de agosto de 1925, professou os votos de pobreza, castidade e obediência. Tendo já completado os estudos teológicos, foi ordenado sacerdote pelo Dom Y. Botsian imediatamente após terminar o noviciado, no dia 9 de outubro do mesmo ano.

Desde o começo de sua vida na Congregação, seus superiores notaram seu talento missionário. Para desenvolver esse talento, depois de ter passado dois anos como professor no juvenato (ginásio) redentorista, Pe. Basílio foi mandado a Stanislaviv a fim de pregar missões junto com outros confrades mais experientes. Assim começou seu trabalho apostólico, que haveria de durar vinte anos, até o começo da perseguição contra a Igreja greco-católica ucraniana.

No dia 16 de novembro de 1928, Pe. Basílio chegou ao convento redentorista de Kovel e logo começou a trabalhar nas missões entre os colonos da Galícia, espalhados pelas regiões Volhyn, Pidliashsia, Kholm e Polissia, os quais tinham deixado a Igreja greco-católica para aderir à Igreja ortodoxa russa. Além das missões entre esses colonos da Galícia, o Pe. Basílio organizou também missões para a população local de Volhyn, Polissia e Bielo-Rússia. Com o apoio financeiro do metropolita Sheptytskyi e outros benfeitores, fundou várias igrejas e capelas. Em 1935 Pe. Velychkovskyi voltou para o convento de Stanislaviv, como superior da comunidade.

Pe. Basílio continuou sua intensa atividade apostólica, mesmo quando a Igreja Greco-Católica sofreu perseguição por parte dos soviéticos, após a ocupação da Ucrânia ocidental em 1939. Em 1940, ele organizou uma procissão, da qual participaram uns vinte mil fiéis, carregando cruzes pelas ruas de Stanislaviv. A despeito das ameaças da polícia secreta soviética, Pe. Basílio não se intimidou. Em 1941, a pedido do metropolita Sheptytskyi, partiu para o centro da Ucrânia para trabalhar com os Ucranianos ortodoxos de Kamianets-Podilskyi. Todavia as atividades pró-ucranianas do novo sacerdote causaram suspeita entre os alemães, que pouco antes haviam ocupado a cidade. Apenas três dias após sua chegada, foi acusado de cooperar com as organizações da resistência nacional ucraniana e recebeu a ordem de deixar a cidade em vinte e quatro horas. Transferiu-se para Ternopil, onde foi reitor do convento da Igreja da Dormição.

Tendo retomado a Galícia em 1945, o regime soviético prendeu, na noite de 10 para 11 de abril, representantes de toda a hierarquia greco-católica. No dia 26 de julho de 1945, Pe. Basílio foi preso em Ternopil "por propaganda antissoviética". Durante o interrogatório, ofereceram-lhe a opção de entrar para a Igreja Ortodoxa Russa em troca da liberdade. "Jamais!" foi a sua resposta. Mais tarde, Pe. Basílio foi transferido para a prisão de Kiev, onde a investigação de seu caso durou quase dois anos. Finalmente, a corte regional de Kiev condenou-o à morte, por causa de duas expressões anticomunistas – "horda vermelha" e "gangue vermelha" – que constavam em um calendário de bolso publicado pelo Pe. Basílio em Stanislaviv, em 1939.

Durante os três meses que passou em uma cela do corredor da morte, Pe. Basílio continuou a cumprir seus deveres sacerdotais. Ensinou os presos a rezar; instruiu-os nas verdades da fé cristã e preparou-os para receberem os sacramentos. Conduziu-os às portas do céu. Finalmente, na noite marcada, os guardas retiraram-no de sua cela. Porém não o conduziram, escada abaixo, ao lugar da execução, mas para o andar de cima, para a sala da chefia da prisão. Nela o padre foi informado de que sua sentença de morte tinha sido mudada para dez anos de prisão.

Nos dois primeiros anos do cumprimento da pena, ficou em um campo de concentração da região de Kirovsk; depois foi transferido para as minas de Vorkuta. Apesar do trabalho extenuante, Pe. Basílio celebrava a Missa quase todos os dias, usando latinhas como vasos sagrados. "Aquela latinha – disse o metropolita Hermaniuk – era seu cálice, sua patena, seu altar, sua igreja e nada conseguia destruir sua igreja, porque estava baseada em sua forte convicção e na graça divina." Alguns meses antes de sua libertação, uns amigos dos companheiros presos com o Pe. Basílio conseguiram que ele pudesse trabalhar no hospital da prisão em vez de trabalhar no serviço nas minas. Essa mudança salvou sua vida, pois sua saúde estava arruinada pelos dez anos de prisão e pelo duro trabalho. No dia 9 de julho de 1955, Pe. Basílio foi libertado.

De volta a Lviv, o padre não encontrou nenhuma igreja ou capela onde pudesse exercer o ministério, mas isso não o desanimou. Conseguiu uma pequena sala na Rua Vozzyedannia, n. 11, onde fez um altar com caixas de papelão vazias. Os fiéis visitavam o Pe. Basílio em grupos de cinco ou seis para participarem da Eucaristia. Durante o período da existência clandestina da Igreja Greco-Católica, não teve medo de celebrar a Liturgia diária, de dirigir exercícios espirituais e de dar direção espiritual para muitos cristãos devotos. Em

1959 a Santa Sé o nomeou bispo da "Igreja do Silêncio". Por causa da situação complicada da União Soviética, sua ordenação episcopal só se tornou possível quatro anos mais tarde.

Os dez anos de prisão não "corrigiram" nem mudaram Dom Basílio. Continuou a "divulgar propaganda anticomunista entre o povo, não participou de atividade em benefício da sociedade, não cumpriu os deveres de cidadão soviético, escreveu um livro sobre o ícone de Nossa Senhora do Perpétuo Socorro, no qual procurou provar com exemplos específicos que os ateus não podem ser bons cidadãos, e ouviu a Rádio Vaticana". Essa lista era suficiente para justificar nova prisão do Dom Basílio Velychkovskyi, em 2 de janeiro de 1969. Dessa vez foram três anos de prisão, passados em Kommunarsk, perto de Donbass, os quais lhe causaram uma grave doença do coração.

Em 27 de janeiro de 1972, terminou o período de prisão. Dessa vez não foi permitido ao Dom Basílio voltar a Lviv; foi mandado à Iugoslávia, para "recreação". Usou dessa oportunidade para visitar sua irmã em Zagreb e depois partiu para Roma, onde se encontrou com o Patriarca Yosyf Slipyi. Teve também um colóquio privado com o papa Paulo VI. Pouco depois, a convite do metropolita Maksym Hermaniuk, visitou o Canadá.

Infelizmente, sua visita à diáspora ucraniana no Canadá não durou muito. No dia 30 de junho de 1973, Dom Basílio morreu na idade de setenta anos, tendo exercido o ministério episcopal por dez anos. Embora seu coração se tenha silenciado em seu corpo, ele continuou a ecoar em nosso espírito: "Não tenhais medo dos sofrimentos por que ides passar. O diabo lançará alguns dentre vós na prisão. Assim sereis colocados à prova. Tereis uma tribulação de dez dias. Sede fiel até a morte, e eu vos darei a coroa da vida" (Ap 2,10).

Considerando os testemunhos da vida virtuosa de D. Basílio Velychkovskyi e, particularmente, sua constância, coragem e fidelidade à Igreja de Cristo durante o período de perseguição, o processo de beatificação foi iniciado no Ano do Jubileu. Em 2 de março de 2001, o processo estava pronto na eparquia, e o caso foi levado à Sé Apostólica. Em 6 de abril de 2001, a Comissão teológica reconheceu o fato do martírio do bispo Velychkovskyi; em 23 de abril, seu martírio foi constatado pela Assembleia dos Cardeais, e, em 24 de abril de 2001, o Santo Padre, o papa João Paulo II, assinou o decreto de beatificação do Bispo Basílio Velychkovskyi, bem-aventurado mártir da fé cristã.

7

BEATO ZENÃO KOVALYK

Ucrânia, 1903-1941

O Pe. Zenão Kovalyk nasceu no dia 18 de agosto de 1903, na aldeia de Ivachiv Horishiniy, perto de Ternopil, em uma pobre família de camponeses. Antes de entrar para a vida religiosa, trabalhou como professor em uma escola primária de sua aldeia. Tinha um caráter forte e não permitia meios-termos em sua fé. Desde a infância, o sonho de Zenão era tornar-se sacerdote. Descoberta sua vocação para vida consagrada, entrou para a Congregação Redentorista, professando seus votos, em 28 de agosto de 1926. Pouco depois, foi mandado para a Bélgica para completar seus estudos de filosofia e teologia.

Voltando para a Ucrânia, no dia 9 de agosto de 1932, foi ordenado sacerdote. Em 4 de setembro de 1932, celebrou sua primeira liturgia, em sua aldeia natal de Ivachiv. O santinho de sua ordenação trazia a seguinte inscrição: "Ó Jesus, recebe-me como sacrifício junto ao santo sacrifício de vosso corpo e vosso sangue: recebe-o pela Santa Igreja, pela minha Congregação e por minha mãe pátria". O Cristo gostou dessas palavras, que eram uma oferta pura. Pe. Zenão não sabia que essas palavras eram proféticas e que, logo, somente nove anos depois, seriam confirmadas em seu martírio.

Depois de sua ordenação, Pe. Zenão partiu juntamente com o bispo Nicolau Charnestskyi para a região de Volhyn, para trabalhar pela causa da reconciliação dos ortodoxos ucranianos. O jovem sacerdote era uma verdadeira alegria para seus confrades. Era espirituoso, tinha uma bela voz e uma pronúncia muito boa. Era um grande cantor e um pregador com uma "boca de ouro". Sua pregação apostólica atraía milhares de pessoas. Ele amava a Mãe de Deus com todo o coração e não deixava de mostrar sua sincera piedade por ela. Todas essas qualidades fizeram com que ele tivesse muito sucesso em suas atividades missionárias.

Depois de vários anos de trabalho na região de Volyn, o Padre Zenão foi transferido para Stanislaviv, antes Ivano-Frankvsk, para pregar missões na cidade e nas aldeias. Pouco antes da invasão soviética de 1939, transferiu-se para Lviv, para o convento redentorista da rua Wyblykevycha (então, Ivana Franka), sendo nomeado ecônomo da comunidade.

O corajoso sacerdote continuou pregando a Palavra de Deus, mesmo quando se iniciou a invasão soviética. Um campo importante do trabalho do Pe. Zenão foi o confessionário, e foi justamente nesse campo que teve muito sucesso: era procurado por grande número de pessoas que buscavam força espiritual.

Enquanto a maior parte dos ucranianos da Galícia estava arrasada pelo terror, ele demonstrava uma coragem admirável. Muitos pregadores eram extremamente cautelosos em seus sermões. Procuravam evitar assuntos candentes do dia e limitavam-se a exortar o povo a ser fiel a Deus. Ele, ao contrário, jamais temia condenar abertamente os costumes introduzidos pelo regime soviético. Seus sermões provocavam um forte impacto sobre os ouvintes, mas, ao mesmo tempo, eram um perigo muito grande para o pregador. Avisado pelos amigos do possível perigo que ele corria por causa de seu modo de pregar, ele respondeu: "Recebo com alegria a morte, se essa for da vontade de Deus, mas não cederei jamais ao que possa comprometer minha consciência de pregador".

O último grande sermão do padre foi em Ternopil, no dia 28 de agosto de 1940, por ocasião da Assunção de Nossa Senhora. Aquele dia, os fiéis ouvintes eram cerca de dez mil. Mas o sonho do martírio estava para se realizar dentro de poucos meses.

Na noite de 20 para 21 de dezembro de 1940, os agentes da polícia secreta soviética entraram no convento dos redentoristas para prender o Pe. Zenão pelos sermões que fizera na novena da Imaculada Conceição da Mãe de Deus, na igreja do convento. Antes de deixar seus confrades, ele pediu a seu superior, Pe. Vocht, a última bênção e a absolvição.

Por muito tempo, os redentoristas tentaram saber qual fora a sorte de seu confrade prisioneiro e, somente em abril de 1941, souberam que estivera preso na Rua Zamarstynivska, a famosa prisão Brygidky. Durante sua prisão, que durou seis meses, ele sofreu vinte e oito interrogatórios dolorosos. Três vezes foi conduzido a outras prisões para ser interrogado. Depois desses interrogatórios, acompanhados de torturas particularmente cruéis, adoeceu por causa da grande perda de sangue.

Mesmo na prisão, ele continuou seu trabalho apostólico. Condividiu uma cela apertadíssima (4,20m por 3,50m), sem móveis, com outros trinta e dois companheiros. Ele, juntamente com os prisioneiros, rezou o terço todos os dias e um rosário inteiro aos domingo. Fez as orações litúrgicas. No mês de maio, organizou orações à Mãe de Deus e, no dia da Epifania, convidou os companheiros à consagração litúrgica da água. Além da oração, ele ouviu as confissões, dirigiu retiros espirituais e ensinou catecismo, consolou os companheiros contando, com seu estilo típico e espirituoso, várias histórias religiosas. Não é de se admirar com o fato de que os prisioneiros – gente em extrema necessidade de esperança e consolação – amassem o padre com todo o coração por seu zelo apostólico.

Em 1941, quando as tropas alemãs começaram sua ofensiva, os guardas da prisão, ansiosos para fugir, não podendo levar consigo os prisioneiros, começaram a disparar sobre seus companheiros. Mas não foi suficiente para eles a ideia de atirar contra Pe. Zenão; recordando seus sermões sobre Cristo Crucificado, pregaram-no na parede da prisão diante de seus companheiros prisioneiros.

Quando as tropas alemãs entraram em Lviv, abriram imediatamente as prisões para limparem o lugar das pilhas de corpos já em putrefação. O povo correu para invadir as prisões na esperança de encontrar algum parente. E todos testemunharam a horrível visão daquele padre crucificado à parede da prisão, com um corte na barriga; dentro da ferida, um feto humano.

Para descrever o Pe. Zenão, podemos justamente usar as palavras das vésperas dos Mártires, que falam do guerreiro glorioso e invencível que, armado com a cruz de Cristo, destrói o inimigo e recebe a coroa da vitória do único Vencedor e Senhor, que reina para sempre. O martírio do beato pode servir como representação gráfica das seguintes palavras das Escrituras: "As almas dos justos estão nas mãos de Deus, e nenhum tormento as tocará... aos olhos dos homens sofrem castigos, mas sua esperança é cheia de imortalidade. Por um breve sofrimento, receberão grandes benefícios, porque Deus os provou e os encontrou dignos de si" (Sb 3,1.2-5).

Tendo em conta os testemunhos sobre a vida virtuosa do Padre Zenão Kovalyk e, sobretudo, de sua perseverança, de sua coragem e de sua fidelidade à Igreja de Cristo durante o período da perseguição, foi dado início ao processo de beatificação por ocasião do Ano Jubilar. Completado o processo em âmbito de eparquia, dia 2 de março, o caso foi levado à Santa Sé. No dia 6 de abril, a comissão teológica reconheceu o martírio do Pe. Zenão. No dia 23 de abril, seu martírio foi reconhecido pela assembleia dos cardeais, e, no dia 24 de abril de 2001, o Santo Padre assinou o decreto da beatificação do Padre Zenão Kovalyk, beato mártir da fé cristã.

Em 27 de junho de 2001, com outros três redentoristas e mais vinte e quatro mártires, Pe. Zenão Kovalyk foi beatificado pelo papa João Paulo II, em sua viagem à Ucrânia.

8

BEATO IVAN ZIATYK

Ucrânia, 1899 - Rússia, 1952

Ivan Ziatyk nasceu no dia 26 de dezembro de 1899 na aldeia de Odrekhova, que fica uns vinte quilômetros ao sul da cidade de Sanok (atualmente território da Polônia). Seus pais, Estevão e Maria, eram pobres camponeses. Quando Ivan tinha catorze anos, seu pai faleceu. O ônus de cuidar do garoto foi assumido por sua mãe e pelo irmão mais velho, Miguel, que fez as vezes de pai para Ivan.

Quando criança, Ivan era muito quieto e obediente. Como aluno da escola primária da aldeia, já demonstrava suas capacidades de estudante prendado. Também era perceptível sua profunda piedade. Fez os estudos secundários no ginásio de Sanok, que frequentou de 1911 a 1919. Durante seus estudos no ginásio, seu rendimento acadêmico foi muito bom e excelente era seu comportamento. Em 1919, Ivan Ziatyk entrou no seminário católico ucranianom de Przemysl e concluiu o curso com distinção, em 30 de junho de 1923. Nesse mesmo ano, terminados os estudos teológicos, foi ordenado sacerdote.

De 1925 a 1935, o Pe. Ivan exerceu o cargo de prefeito do seminário católico ucraniano, em Przemysl. Além de cuidar da direção espiritual dos seminaristas, ele contribuiu também para sua formação intelectual: ensinou catequética e teologia dogmática no mesmo seminário. Além de seu trabalho no seminário, era também Diretor Espiritual e professor de catequética no Ginásio Feminino Ucraniano de Przemysl.

Era uma pessoa notável pela bondade, obediência e profundidade espiritual. Sempre causou uma impressão profunda entre os que conviveram com ele. Por muito tempo, acalentou o desejo de entrar na vida religiosa. Embora essa sua intenção não fosse bem vista por seus superiores eclesiásticos, no dia 15 de julho de 1935, o Pe. Ivan tomou a decisão final de ingressar na Congregação Redentorista.

Depois de terminar o noviciado em Holosko, perto de Lviv, em 1936, foi mandado para a comunidade de Nossa Senhora do Perpétuo Socorro de Stanislaviv (atualmente Ivano-Frankivsk). Mas não ficou muito tempo: no outono de 1937, foi para o convento de Lviv, da rua Zyblykevycha 56-58, atualmente rua Ivana Franka. Aí assumiu o ofício de ecônomo da comunidade. Devia também substituir o superior, Pe. De Vocht, em suas ausências. Em 1934, os redentoristas inauguraram seu seminário em Holosko, e Pe. Ziatyk fez parte do corpo docente, como professor de sagrada escritura e de teologia dogmática. De 1941 a 1944, foi superior do convento da Dormição da Mãe de Deus em Ternopil e, de 1944 a 1946, foi superior do convento de Nossa Senhora do Perpétuo Socorro em Zboiska, perto de Lviv, onde os redentoristas tinham o juvenato, ou seja, o ginásio.

O fim da Segunda Guerra Mundial foi um período terrível na história da Ucrânia, da Igreja Greco-Católica e da Província redentorista de Lviv. Todos os bispos Greco-Católicos foram presos e, na primavera de 1946, a polícia secreta soviética reuniu em Holosko os redentoristas de Ternopil, Stanislaviv, Lviv e Zboiska e os confinou em uma ala não aquecida do convento. O Pe. Ziatyk estava entre esses reunidos em Holosko. Ficaram lá dois anos sob constante vigilância da polícia secreta. A presença deles era controlada três ou quatro vezes por semana. Os confrades eram levados várias vezes para interrogatórios, durante os quais lhes eram prometidos vários benefícios em troca da apostasia da fé ou da vocação religiosa. Em outubro de 1948, todos os redentoristas que estavam em Holosko foram levados de caminhão para o convento de Univ.

Pouco depois, o Provincial redentorista, Pe. Joseph De Vocht, foi deportado para a Bélgica. Antes de partir, ele transferiu para o Pe. Ivan seus deveres de Provincial da Província de Lviv e de Vigário-Geral da Igreja Greco-Católica Ucraniana. Isso levou a polícia a vigiá-lo com atenção especial. No dia 5 de janeiro de 1950, foi tomada a decisão de prendê-lo, e no dia 20 de janeiro foi comunicada a ordem de prisão. Depois de numerosos interrogatórios, no dia 4 de fevereiro de 1950, Pe. Ivan foi acusado de "ser membro da Congregação redentorista desde 1936 e de promover as ideias do papa Romano de divulgar a fé católica entre as nações do mundo inteiro para converter todos ao Catolicismo".

A investigação sobre o Pe. Ivan durou dois anos. Esse tempo todo, ele passou nas prisões de Lviv e de Zolochiv. Somente no período de 4 de julho a 16 de agosto de 1951, ele foi interrogado trinta e oito vezes, sendo setenta e dois o número total dos interrogatórios a que foi submetido. Não obstante as cruéis torturas que acompanhavam os interrogatórios, Pe. Ziatyk não traiu sua fé e não se submeteu ao regime ateu, embora seus parentes próximos tentassem persuadi-lo a fazê-lo.

A sentença do Pe. Ivan foi anunciada em Kiev em 21 de novembro de 1952. Foi condenado a dez anos de prisão por "cooperar com organização nacionalista antissoviética e propaganda antissoviética". A pena devia ser cumprida no campo de concentração Ozernyi Lager, perto da cidade de Bratsk, na região Irkutsk.

Enquanto esteve preso, sofreu terríveis torturas. Conforme algumas testemunhas, na Sexta-feira Santa de 1952, foi duramente flagelado com varas, mergulhado na água e deixado inconsciente fora, no gelo siberiano. A flagelação e o frio causaram sua morte no hospital da prisão três dias depois, no dia 17 de maio de 1952. Pe. Ivan foi sepultado no distrito de Taishet da região Irkutsk. O Grande Artista colocou mais uma pedra preciosa no grande mosaico do martírio.

Em vista dos testemunhos de sua vida virtuosa, e em particular de sua constância, coragem e fidelidade à Igreja de Cristo no período da perseguição, foi iniciado o processo de beatificação por ocasião do Ano do Jubileu. Em março de 2001, o processo estava terminado em âmbito da eparquia e foi transferido para a Sé Apostólica. No dia 6 de abril, a Comissão teológica reconheceu o fato do martírio do Pe. Ivan, e, em 23 de abril, seu martírio foi constatado pela Assembleia dos Cardeais. Sua Santidade, o papa João Paulo II, assinou, em 24 de abril de 2001, o decreto de beatificação do Pe. Ivan Ziatyk, bem-aventurado mártir da fé cristã.

9

BEATO DOMINGOS METÓDIO TRCKA

República Tcheca, 1886 – Eslováquia, 1959

No dia 24 de abril de 2001, na presença do Santo Padre, foi promulgado o Decreto de Martírio de cinco redentoristas, sendo quatro ucranianos e um tcheco.

O tcheco, Beato Domingos Metódio Trcka, nasceu no dia 6 de julho de 1886 em Frydlant nad Ostravici, Morávia, hoje parte da República Tcheca. Em 1902 ele entrou para os redentoristas e começou o noviciado em 1903.

Fez sua profissão religiosa, no dia 25 de agosto de 1904. Após completar seus estudos, foi ordenado sacerdote em Praga, no dia 17 de julho de 1910.

Nos primeiros anos de sacerdócio, trabalhou nas missões paroquiais. Em 1919, foi enviado para trabalhar com os católicos gregos, na região de Halic, na Galícia, e posteriormente na Eparquia de Presov, na Eslováquia, onde desenvolveu uma atividade missionária muito intensa. Em março de 1935, foi apontado pela Congregação das Igrejas Orientais para ser Visitador Apostólico aos Monges basilianos em Presov e em Uzhorod. Quando a Vice-Província de Michalovce foi fundada, o Pe. Metódio foi apontado como primeiro vice-provincial, no dia 23 de março de 1946. Começou a trabalhar zelosamente para fundar novas casas e formar novos jovens redentoristas.

Na noite do dia 13 de abril de 1950, o governo checo suprimiu todas as comunidades religiosas. Após um julgamento sumário, Pe. Metódio foi condenado a doze anos de prisão, durante os quais foi submetido a longos interrogatórios e a torturas. Em 1958, foi transferido para a prisão de Leopoldov. Nesse meio tempo, passou a sofrer de pneumonia, contraída no confinamento solitário imposto a ele por ter cantado na prisão um hino de Natal. Morreu no dia 23 de março de 1959.

Foi enterrado no cemitério da prisão, mas, após a liberação da Igreja Católica Grega, seus restos mortais foram trasladados para o túmulo redentorista no cemitério de Michalovce, no dia 17 de outubro de 1969.

O papa João Paulo II proclamou Beato Domingos Metódio, no dia 4 de novembro de 2001.

MÁRTIRES REDENTORISTAS ESPANHÓIS: COMUNIDADES DE CUENCA E DE MADRID

A presença dos redentoristas na Espanha remonta o ano de 1863, com a primeira fundação acontecendo na Huete, região de Cuenca no centro do país. Essa presença foi interrompida brevemente entre 1869 e 1873, sendo novamente reestabelecida em 1874. No ano de 1900, foi criada a Província Redentorista de Madrid.

Os anos de 1930 reservaram à Espanha tempos muito difíceis. Após a vitória republicana nas eleições de 1931, o debilitado regime monárquico caiu; em seu lugar foi estabelecida a Segunda República Espanhola. O novo governo de inspiração socialista foi apoiado por comunistas, anarquistas, liberais, entre outros grupos. Em comum esses grupos tinham um forte sentimento anticlerical, que se concretizava com uma forte perseguição à Igreja Católica na Espanha. Ordens e Congregações religiosas passaram a enfrentar diversas restrições e proibições; bens da Igreja foram confiscados, igrejas foram incendiadas, membros do clero e religiosos passaram a ser perseguidos e presos.

Em 1936, diante da nova vitória dos socialistas nas eleições gerais, foi desencadeado um golpe de Estado, por parte dos grupos mais conservadores nacionalistas, liderados pelo General Francisco Franco. No dia 17 de julho de 1936, a guerra explodiu. O conflito sangrento se encerrou somente em 1939, com a vitória do nacionalista de Franco e seus aliados. O conflito deixou um saldo de meio milhão de mortos e feridos. Foi uma guerra marcada por diversas atrocidades cometidas por ambos os lados, com milhares de assassinatos e execuções sumárias, massacres da população civil, bombardeio de cidades, entre outras atrocidades.

Com o início da guerra, a perseguição à Igreja só aumentou, gerando uma perseguição sistematizada à Igreja em áreas controladas pelos Republicanos. Nessas áreas, milícias populares invadiram e incendiaram centenas de igrejas. Padres, bispos, religiosos e religiosas foram presos e assassinados sem nenhum tipo de julgamento, calculando-se em mais de 6.000 entre 1936 e 1939 na Espanha.

Entre os mortos da perseguição religiosa durante a Guerra civil espanhola, temos diversos redentoristas. Seis redentoristas da comunidade Cuenca foram beatificados junto a um grupo de 522 mártires em 2013, e outros doze da Comunidade de Madrid tiveram seu martírio reconhecido em 2021 pelo Papa Francisco e serão beatificados em momento oportuno. Além desses, outros três irmãos redentoristas espanhóis, mortos durante a Guerra Civil, também se encontram em processo de beatificação.

10

PE. XAVIER GOROSTERRATZU JAUNARENA

Espanha, 1877-1936

Xavier Gorosterratzu Jaunarena nasceu no povoado de Urroz, província de Navarra, em 28 de agosto de 1877. Eram seus pais José Maria Gorosterratzu e Maria Tomasa Jaunarena. Pequeno ainda, começou a trabalhar nas terras do pai e, com doze anos, passou a ser empregado do avô, proprietário de uma grande fazenda com centenas de ovelhas, destinadas ao corte da lã. O avô, que rezava rosário atrás de rosário enquanto apascentava o rebanho, era admirado pelo neto. Este, embora não entendesse o motivo de tanta reza, e mesmo a contragosto, acompanhava o avô.

Contava Javier uns catorze anos quando se sentiu atraído a seguir os Capuchinhos de Lecároz, quando eles passaram por seu povoado. Seus pais dirigiram-se, então, aos religiosos para pedir seu ingresso. Os Capuchinhos, porém, disseram-lhes que já era um pouco tarde para Javier começar a estudar, o que inviabilizava, no ver deles, a ida para o seminário.

Entretanto uma missão redentorista, pregada nos arredores de Urroz, atraiu de vez o rapaz para a vida religiosa. Os missionários relutaram um pouco, pois Xavier já estava com dezesseis anos e nenhum estudo, mas acabaram pedindo que se apresentasse, em Pamplona, ao Superior da casa, o francês Padre Lorthioit.

Dias depois, Xavier, acompanhado de seu pai, dirigiu-se ao convento de Santo Inácio, em Pamplona, dos padres redentoristas. Quando o Padre Lorthioit lhe perguntou a que queria dedicar-se, esperando que mencionasse algum ofício próprio dos Irmãos Coadjutores, respondeu-lhe o rapaz:

– A estudar.

– Para estudar já é um pouco tarde, replicou o Superior. Não quer ser carpinteiro?

– Sim, senhor!

Foi assim que, já com dezesseis anos, Xavier ingressou na Congregação do Santíssimo Redentor para ser irmão coadjutor, com o ofício de carpinteiro. Passou algum tempo em Astorga como postulante, e, em 25 de agosto de 1895, iniciou o Noviciado, em Nava del Rey. Em 8 de setembro, vestiu o hábito. Ao mesmo tempo em que progredia como noviço, dedicava-se a estudar com afinco e obstinação, dando mostras de notável inteligência.

Ao descobrirem os Superiores essa sua boa disposição para os estudos, fizeram com que terminasse o Noviciado já como corista, ou seja, como candidato ao sacerdócio. Professou em 8 de setembro de 1896 e passou para Astorga para prosseguir os estudos, sujeitando-se, entretanto, a ter aulas extras das matérias em que se achava com atraso.

Foi com santa teimosia que levou avante os estudos superiores, e, em 25 de dezembro de 1903, Xavier Gorosterratzu Jaunarena recebeu a ordenação sacerdotal.

Tão aplicado foi nos estudos e tão bem se saiu neles que os Superiores o destinaram a lecionar, primeiro no seminário menor e, depois, filosofia no seminário maior.

Mais tarde, residiu em Pamplona, que foi sua residência por dezessete anos, e se entregou ao trabalho das missões populares, pregando tanto em língua basca, como em castelhano; ele que, ao ser admitido, mal falava o dialeto basco. Sua voz era áspera e desagradável, e, seus conceitos, um tanto nebulosos. Essas "qualidades notáveis" não fariam, é claro, de Padre Gorosterrazu um grande orador. Mas isso foi secundário. O importante é que não o impediram de ser um grande apóstolo e até um grande missionário.

Tinha numerosas amizades e era sempre solicitado para pregações solenes e para exercícios espirituais a religiosos e a religiosas, chegando a pregar por catorze anos seguidos os exercícios espirituais às Irmãs Esculápias, em um mesmo convento.

Indubitavelmente, entretanto, o campo em que melhor exerceu seu ministério apostólico foi o confessionário. Dotado de um extraordinário dom para o aconselhamento, e graças a sua competência em teologia moral, sua piedade, sua delicadeza no trato com as pessoas, era procurado por gente simples e por pessoas de elevada posição, tanto social, quanto cultural e religiosa.

Durante quinze anos, foi confessor e diretor espiritual das Monjas redentoristas do convento de Burlada, fazendo grande bem a toda a Comunidade de um modo geral e trabalhando muito pelo aperfeiçoamento de cada uma das irmãs.

A última visita que fez às monjas de Burlada foi em abril de 1936. Ao se despedir, disse-lhes: "Roguem muito por mim. Vocês estão bem aqui, mas em Cuenca não é assim. Não sabemos o que pode acontecer". Certo dia, uma monja perguntou-lhe: "Padre, por que viaja assim? Por que viaja de batina?" Ao que ele respondeu: "Sim, filha, de batina, e de batina de sacerdote redentorista".

Com dotes de historiador, escreveu, entre outros livros, Don Rodrigo Jiménez de Rada, obra premiada pela Real Academia de História.

No mês de maio de 1927, foi transferido para a Comunidade de São Miguel, em Madrid. Voltou a Pamplona em 1930, onde ficou até 1933, novamente como confessor das monjas redentoristas. Em 6 de janeiro de 1933, foi novamente transferido para Cuenca, mas em caráter provisório. Ou melhor, deveria ser em caráter provisório; acabou, porém, ficando... até o fim da vida. A uma monja que contava com sua volta escreveu em 14 de julho de 1936, ou seja, cinco dias antes de estourar o Movimento Nacional: "O melhor é o que Deus quer. Por isso estou feliz. E feliz também deve estar você".

Bem manifesto estava que Deus o queria mártir em Cuenca, pois ali passou os últimos anos, até que a guerra lhe trouxe o martírio.

No dia 22 de julho, saiu do convento e se refugiou na residência do senhor Elpídio Miranzo. Devido a frequentes vistorias realizadas pelos milicianos nessa casa, no dia 28, mudou-se para o seminário, onde estavam refugiados o senhor bispo e outros sacerdotes. Os testemunhos que possuímos sobre sua conduta nesses dois abrigos apresentam-no como "apóstolo infatigável, confortando a todos com suas palavras e sua presença, e sendo, até o último momento, senhor de seus atos".

Sua sobrinha beneditina, irmã Escolástica, falou que ouvia contar a respeito dos santos exemplos do tio enquanto viveu no seminário: "Pregava frequentemente para as religiosas, animava-as a estarem prontas a morrer pela fé e confessava-as todas as noites. Contentava-se com o mínimo para comer; às vezes, passava o dia todo com apenas um copo de leite".

Tinha certeza de que sua morte estava próxima, como falava abertamente às irmãs. Chegou a predizer que ela chegaria no dia 8 de agosto. Errou por dois dias. Escondida atrás de uma persiana, sua sobrinha o viu quando saía do seminário e era levado para a execução. Era o dia 10 de agosto.

Foi assassinado no caminho do cemitério. Como o coveiro de Cuenca teve o cuidado de anotar todos os dados possíveis dos redentoristas ali assassinados, não foi difícil encontrar seus restos mortais. Terminada a guerra, quando se fez a exumação do cadáver, seu corpo foi encontrado em bom estado de conservação e com a carne ainda flexível.

11

PE. CIRÍACO OLARTE Y PEREZ DE MENDIGUREN

Espanha, 1893-1936

"Profunda impressão de dor causou em minh'alma a notícia do assassinato do Padre Olarte... Companheiro de todas as horas na vida sacerdotal, e, de repente, essa triste notícia de dilacerar o coração dos que com ele conviveram em diversas comunidades." São mais ou menos essas as palavras que sobre ele escreveu seu grande amigo, o Padre Ibarrola.

De fato, os doze anos de trabalho em comum e o caráter transbordante de simpatia do Padre Olarte tornavam profundamente doloroso seu desaparecimento para todos os que o conheceram e desfrutaram de seu trato afável e nobre.

Ciríaco Olarte nasceu aos 8 de fevereiro de 1893, em Gomecha, província de Álava. A família eminentemente religiosa, nascida do enlaçamento de Olarte e Pérez de Mendiguren, deu cinco filhos religiosos à Espanha: três sacerdotes e duas freiras.

Seu próprio pai deixou escrito que Ciríaco sempre foi um menino exemplar na obediência, na simplicidade e na aplicação. Embora não aguentasse o peso do missal, função que a contragosto deixava para outro coroinha maior que ele, aos cinco anos ajudava na missa. Desse tempo é que lhe veio a ideia de se tornar padre.

Cada religioso, franciscano ou de outra ordem que passava por seu povoado despertava nele a vontade de segui-lo. Acabou por escolher os redentoristas, porque os redentoristas, como lhe disseram, pregavam missões, e o que ele queria era ser missionário.

Aos onze anos, em 21 de setembro de 1904, entrou no seminário menor de El Espino. Pelo entusiasmo do menino de ser missionário, ninguém podia duvidar de sua vocação. Mas... as dificuldades não demoraram em se apresentar. Tinha pouco talento para os estudos. Não fossem o carinho e a visão de um professor, o Padre San Román, o latim – Ah! Aquela gramática latina! – o teria levado para fora do seminário. Contaram mais, no entanto, sua piedade, seu respeito para com todos e sua aplicação em tudo o que lhe era destinado fazer. Sofreu, mas conseguiu terminar os estudos menores, passando em seguida ao Noviciado. Ao final deste, em 8 de setembro de 1911, emitiu os votos religiosos.

Nos estudos superiores continuou a ser mediano. O que também lhe valeu foram seu esforço, sua bela voz e seu talento para falar em público, que se desenvolvia e só melhorava a cada dia, juntamente com sua sincera piedade, seu caráter alegre, abnegado e serviçal.

Ordenou-se sacerdote em 1917 e, findos os estudos, em 1918, foi destinado a "Nava del Rey", tendo que logo em seguida ir à "La Coruña" para o serviço militar. Um mês depois, voltou para iniciar o segundo Noviciado.

Em 1920, estava em Valência quando foi designado para ser missionário no México. De Valência escreveu a sua irmã Cármen, também religiosa: "Estou felicíssimo, porque sei que Deus me chama e quer que eu trabalhe para sua glória em terras mexicanas... É para mim uma honra que meus Superiores me tenham escolhido para pregar missões no México, e, embora sinta deixar a pátria, dou graças a Deus por isso. Desde sexta-feira, estou em Valência para embarcar dia 26. Adeus, pois; até que Deus queira, e se Deus quiser, até o céu. Ciríaco".

Já no México, quando escrevia para seus familiares, falava sempre com esfuziante entusiasmo do trabalho apostólico que ali desenvolvia. Não obstante a perseguição religiosa de Plutarco Calles, tão ou mais sanguinário que Nero, ele e mais dois missionários trabalharam incansavelmente, muito frutuosamente, em Oaxaca e em Monterrey.

Calles, no entanto, endureceu ainda mais a perseguição. Mesmo sendo eles estrangeiros, não lhes era permitido fazer cultos ou pregar. Nada mais restou a Padre Olarte senão voltar à pátria. Deixou o México e, em 12 de setembro de 1926, desembarcou em La Coruña.

Residiu dois anos e meio em La Coruña e pregou missões em várias localidades da região. Em 1929, foi transferido para a Comunidade do Perpétuo Socorro, em Madrid, de onde seu raio de ação atingiu quase metade da Espanha.

A partir de agosto de 1932, Granada passou a ser sua residência. Estava encantado por estar ali, pois simpatizou muito com o povo andaluz. Manifestou-se, porém, uma forte alergia, por isso foi obrigado a deixar Granada e voltar para Madrid. Em 6 de junho de 1933, já residia de novo na mesma Comunidade que o vira partir no ano anterior.

Em maio de 1935, já não estava em Madrid, mas em Cuenca, onde, apesar do clima pesado que se respirava na cidade, conseguiu realizar muitos trabalhos fora da Comunidade. Mas, em 14 de julho de 1936, escreveu a sua irmã informando que os padres já não poderiam trabalhar fora de casa. Aliás, poucos dias depois, não trabalhariam nem fora nem dentro de casa. Quem haveria de dizer que, dez anos depois de escapar da perseguição mexicana, encontraria, em sua própria pátria, perseguição mais sangrenta e desumana?

Interrompemos aqui a narração sobre o Padre Olarte e passamos a apresentar os dados biográficos do Padre Goñi. Após isso, narraremos o martírio de ambos, pois foram assassinados juntos.

12

PE. MIGUEL GOÑI ARIZ

Espanha, 1902-1936

Ao Padre Goñi Deus pediria o sacrifício da vida em plena juventude. Contava apenas trinta e quatro anos quando foi assassinado.

Miguel Goñi Ariz nasceu aos 27 de abril de 1902, no pequeno povoado de Imarcoáin, província de Navarra. Profundamente piedoso desde pequeno, fez a primeira comunhão aos sete anos. Aos nove, ficou de tal forma impressionado com o sermão do pároco sobre o inferno que, ao voltar para casa, trancou-se no quarto e ficou em prantos de tanto pavor.

Quando tinha onze anos, missionários redentoristas pregaram missão em seu povoado. Entusiasmado com eles, pediu e foi aceito no seminário de El Espino, em 8 de setembro de 1913. Passados dois anos, deixou o El Espino e foi, com todo o seu curso, para o velho convento de São Paulo, em Cuenca, que a Diocese acabava de ceder à Congregação como seminário.

Durante os anos de seminário, sofreu muitas tentações contra a vida religiosa. Findos os estudos menores, fez a preparação para receber o hábito, o que aconteceu em 25 de agosto de 1919. Um ano e um dia depois, aos 26 de agosto de 1920, fez sua profissão religiosa, passando em seguida aos estudos de filosofia e teologia em Astorga. Não foi brilhante, apenas regular, nesses estudos, mas o suficiente para receber a ordenação sacerdotal em 27 de setembro de 1925.

Durante vários anos, até que seus pulmões lhe permitiram, entregou-se ao trabalho das missões, residindo em diversas comunidades. Forçado pela doença, abandonou as lides missionárias e dedicou-se, quase que exclusivamente, ao ministério interno em igrejas de comunidades redentoristas. Em princípios de 1936, foi transferido para Cuenca.

A partir disso, a vida desses dois sacerdotes, Padre Goñi e Padre Olarte, correram juntas. Viveram juntos todos os transes, todas as angústias de sentir a morte se avizinhando, consolaram-se mutuamente e morreram juntos, unidos pelo mesmo sacrifício.

Ao serem obrigados a abandonar o convento, a primeira casa em que se abrigaram Padre Olarte e Padre Goñi foi a de D. Acisclo Dominguez. Logo depois, os dois passaram para a residência de outro grande amigo da Comunidade, D. Enrique Gómez. Foram descobertos, e, quando Padre Olarte se deu conta do perigo que corriam, afirmou: “O dia de Santo Afonso nós o passaremos no céu”. Suas palavras foram proféticas, pois, no dia 2 de agosto, quando se celebrava então a festa de Santo Afonso, já estavam no céu.

Conta o irmão Benjamin que, desde que entraram na casa de D. Enrique, já esperavam pelo pior. Quando Padre Olarte pediu ao irmão que lhes mandasse um cálice para poderem celebrar, recomendou-lhe que se escondesse bem e que não saísse à rua, pois a eles já haviam descoberto.

No dia 31 de julho apresentaram-se na casa dois milicianos dizendo que iriam fazer uma vistoria à procura de armas. Na verdade, o que queriam eram os dois religiosos. Ao vê-los, perguntaram a D. Enrique quem eram aqueles dois senhores. D. Enrique apressou-se a dizer que eram dois amigos seus. Os milicianos não disseram nada e se foram. Já tinham o que buscavam.

Os religiosos, no entanto, quase não acreditando no que viam, exclamaram com otimismo: "Comportaram-se muito bem". Aquilo, porém, não era mais do que a preparação para darem o golpe com mais segurança. Sua saída da casa não teve outro objetivo senão o de chamar outros milicianos que aguardavam do lado de fora. De fato, minutos depois, entraram todos juntos, puseram-se diante dos padres e intimaram:

– Estejam presos! Tirem os guarda-pós e sigam-nos.

D. Enrique e sua empregada intervieram pedindo que os deixassem em paz, mas nada conseguiram.

Revistando-os ali mesmo na calçada e tirando-lhes tudo o que tinham, conduziram-nos, entre caçoadas e blasfêmias, pela rua Pilares e depois pela ladeira da igreja das Angústias. Muitas pessoas declararam que os viram passar, empurrados pelos milicianos, mais ou menos às dez da manhã do dia 31. Tudo isso tem todas as características de uma detenção e um assassinato espúrio: não vieram com carro para conduzi-los, não exibiram o mandado oficial de prisão, não havia pelotão de execução, apenas milicianos esfarrapados, que se julgavam donos da situação. Nem sabiam ao certo onde iriam assassiná-los. Só sabiam que havia ali dois religiosos que, só por isso, ou exatamente por isso, tinham de ser eliminados.

As vítimas sabiam bem o que as esperava e, ao saírem de casa, despediram-se de D. Enrique: "Até o céu!" De fato, a soldadesca não tardaria muito em dar também a D. Enrique a palma do martírio.

Foram por ruelas inóspitas, ladeiras estreitas, apertadas entre maciços rochosos e penhascos. Enquanto caminhavam, discutiam entre si, na frente das vítimas, o local do fuzilamento. Chegando, finalmente, a um grande aterro, onde havia antes uma pedreira, próximo à central elétrica chamada "El Batán", pararam e decidiram que seria ali o lugar. Dispararam sobre as vítimas alguns tiros de pistola e se foram, deixando-as agonizantes e ainda com vida.

Estavam os dois uns oito metros de distância um do outro. Antes de tombarem, gritaram com voz viril e vibrante: "Viva Cristo Rei! Viva Santo Afonso!"

Padre Goñi ainda teve forças para se arrastar até perto do Padre Olarte, parando a pouco mais de um metro dele. Padre Olarte também ainda estava com vida, e os dois puderam consolar-se mutuamente, confessando-se certamente um ao outro pela última vez.

Não se sabe dizer qual das duas vítimas durou mais tempo com vida, debatendo-se entre os estertores da agonia. O cobrador da central elétrica, Anastásio García, aproximou-se deles por volta das seis horas da tarde, quando os dois já estavam mortos. Às dez da noite, chegou o oficial de Justiça para retirar os cadáveres. Jogaram os dois no mesmo caixão e os levaram em um furgão. Foram enterrados em uma vala comum.

Em abril de 1940, quando seus cadáveres foram exumados, o Padre Olarte tinha a cabeça intacta, embora fossem visíveis os orifícios das balas. Os lábios estavam ainda flexíveis, e a língua, torcida; o peito, com a carne rosada; em seu rosto notava-se a expressão de dor aguda. Padre Goñi tinha o osso esterno destruído, o ombro esquerdo afundado. Seu rosto estampava sinais de uma agonia prolongada e muito dolorosa.

13

PE. JULIAN POZO RUIZ

Espanha, 1903-1936

Mais moço ainda que Padre Goñi, morreu Padre Julian Pozo. Vividos apenas trinta e três anos, Deus já o julgou maduro para o céu e o levou pelo caminho mais curto, o do martírio.

Como o Padre Olarte, também Julian nasceu na província de Álava, no vilarejo de Payueta. Era o dia 7 de janeiro de 1903. Seus pais, Toribio Pozo e Micaela Ruiz, eram camponeses simples e piedosos.

Não se sabe em que ano precisamente morreu seu pai, mas, provavelmente, foi quando Julian era ainda bem pequeno. Um dos filhos do segundo casamento de Micaela escreveu certa feita que seus pais colocavam Julian sempre como modelo diante dele e dos outros irmãos.

Sua vocação religiosa surgiu bem cedo. A mãe, Micaela, era irmã de um redentorista, o Padre Samaniego. Conhecia, por isso, o seminário de El Espino, pois o visitava quando seu irmão lá estudou, e não cessava de falar com entusiasmo sobre ele ao filho. Uma vez, decidido que se tornaria sacerdote e tendo as coisas facilitadas pelo tio, em 30 de agosto de 1913 Julian ingressou no El Espino.

Fez com certa facilidade os estudos do seminário menor. Ao terminá-los, no momento de começar os exercícios preparatórios para a tomada de hábito, seus superiores, em vez disso, mandaram-no para casa, sem maiores explicações. Foi como se o mundo lhe caísse na cabeça. De fato, a coisa foi um pouco estranha, tanto que, passados seis dias, Julian foi chamado de volta. Algum tempo depois, o Superior Provincial, Padre Marceliano Gil, ao lhe dar uma explicação, disse-lhe: “Eu não sei o que se passou; seguramente foi a mão de Deus que quis provar você”.

Tendo com isso perdido os seis primeiros dias dos exercícios preparatórios, foi deles dispensado e recebeu o hábito com sua turma no dia 25 de agosto de 1919. Um fundo suspiro de agradecimento à Virgem escapou do peito do noviço ao se ver vestido com a batina negra redentorista, que ele já havia dado por perdida.

Terminado o Noviciado, fez sua profissão religiosa, em agosto de 1920, e mudou-se para Astorga, para os estudos maiores. Enfrentou-os com certa dificuldade, não por falta de inteligência, mas devido à tuberculose, que, aos poucos, foi se manifestando e acabou por tomar-lhe o pulmão direito. Como o clima de Astorga era por demais prejudicial a seu estado de saúde, decidiu-se que deveria passar uma temporada em sua terra natal, para recuperação. Essa ida era bem diferente da primeira. Para tranquilizar seus familiares, assim lhes escrevia o Prefeito dos estudantes, Padre Carlos Otero: “Vai por uma temporada. Vai como redentorista e redentorista continuará sendo enquanto queira”.

A temporada durou quatro meses. De volta aos estudos, teve de se esforçar muito para acompanhar seus colegas. O pior é que o problema de saúde voltou em novembro de 1923, obrigando-o, novamente, a interromper os estudos. Dessa vez, retirou-se para a casa redentorista de Nava del Rey. Estava cada vez mais claro que Deus o chamava a ser vítima. Com tudo isso, o sorriso não lhe fugia do rosto. Suas cartas nunca refletiam o sofrimento por que passava. Eis como era carinhoso e festivo com os seus: “E minha mãe, como está? Não sabe ela quanto a quero. Eu a amo muito, muito. Ela está feliz? Também me ama? Jesus Cristo não me quer junto de vocês, e eu amo mais a Jesus Cristo do que a meus queridos pais. Joaquinzinho, que trabalhe e coma e seja bom. A José Luís, um beijo em suas bochechas e que seja bom. E a todos muitos beijos e braços".

Depois desses e de outros percalços, por fim, conseguiu ordenar-se no dia 27 de dezembro de 1925.

Preocupando-se muito com sua saúde, que persistia em não melhorar, os Superiores mandaram-no para diversas comunidades, buscando sempre o melhor clima para ele. Logo depois de terminar os estudos maiores, foi destinado à casa de Granada, onde encontrou outra alma, como a sua, marcada pelo sofrimento. Chamava-se Conchita Barrecheguren, uma jovem que morreria pouco tempo depois, com fama de santidade. Padre Pozo teve o consolo de assisti-la em seus últimos momentos e de confessá-la pela última vez.

Padre Pozo não se deixava abater pela tuberculose que o acompanhava desde a juventude e sabia servir a Deus com alegria. Nunca se notou em seu semblante qualquer expressão de cansaço ou de pessimismo, nem saíam de seus lábios palavras de amargura ou desespero. Deus lhe dava força, bom humor e otimismo. Introspectivo como era desde menino, essa característica foi se acentuando ao correr da vida, a ponto de fazer dele um homem que para tudo tinha uma frase adequada; era um conselheiro muito procurado!

Estava em Cuenca quando arrebentou a guerra. Abandonando o convento em 20 de julho, refugiou-se, com o irmão Victoriano, na casa de dona Eugênia e de sua irmã, dona Joaquina. Quando as duas senhoras lhe perguntaram o que responderia caso aparecessem os milicianos para fazer vistoria, o Padre Pozo respondeu: "Ora, apresenta-nos como o que somos: religiosos e redentoristas. Não temos mártires. Vamos ver se seremos os primeiros!... Como para nada valho, pouco se perde".

A mando do Superior, Padre Pedrosa, ele e o irmão mudaram-se para o seminário. Mas foi justamente ali que foi descoberto. Levaram-no, com o Padre Crisóstomo Escribano, secretário do senhor bispo, no dia 9 de agosto. Padre Pozo morreu como havia vivido: em amorosa atitude de vítima, ajoelhado e rezando o rosário, em uma típica postura de antigos mártires, que ofereciam o pescoço para o golpe do machado.

Logo nas primeiras horas da manhã, do dia 9 de agosto, o pelotão de execução assassinou-o dando-lhe vários tiros na cabeça. O local está minuciosamente detalhado: km 8,2 da estrada de Cuenca a Tragacete. Como havia sorrido sempre para todos e para tudo, um sorriso que não perdeu senão com a morte, seguramente sorriu também para os carrascos.

14

IR. VICTORIANO CALVO

Espanha, 1896-1936

O Ir. Victoriano Calvo nasceu em Horche, província de Gualaraljara, no dia 23 de dezembro de 1896. Seu nome era Victor. Na Congregação passou a se chamar Victoriano. Teve uma infância muito piedosa. Era um homem de muita reflexão. Tinha gosto pelas leituras piedosas. A regra de São Bento fez-lhe nascer a vocação religiosa e introduziu-o nas penitências. Sem orientação, sentiu o vazio da vida que o cercava. Com a morte da mãe, voltaram as primeiras inclinações.

Durante uma missão pregada pelos redentoristas em sua aldeia, retomou sua piedade, muito aumentada. Rezava enquanto segurava o arado, ou manejava a enxada, até perceber que era demais. Lia muito. Lia obras de Santo Afonso. O tio ameaçou queimar seus livros, e ele lhe respondeu que primeiro devia queimá-lo. Quis estudar, mas era tarde e não tinha como se sustentar. Fez o serviço militar em Madri. Buscou os redentoristas, mas a timidez fê-lo voltar atrás. No quartel quiseram levá-lo enganado a uma casa alegre. Ao se dar conta, voltou atrás indignado.

Afinal expôs sua ideia ao pai, que se opôs e procurou tirar-lhe a ideia da cabeça. Tinha como amigo o pároco, que pediu seu ingresso na Congregação como irmão. Saiu de casa sem avisar ninguém, deixando uma carta de explicação. Já era maior de idade. Ingressou na Congregação em 1919. Em 2 de abril foi postulante. Fez sua profissão religiosa no dia 20 de novembro de 1920. Foi hortelão e ocupou todos os ofícios. Era muito habilidoso em todos os trabalhos. Parco em palavras, rendia muito nos trabalhos. Era um enigma para quem o via. Depois de passar por diversas comunidades, em 1925 estava em Cuenca.

Era porteiro e sacristão na Igreja de São Felipe. Mas poucos o conheciam. Era calado, mas não intratável. Era afável e afetuoso com quem se harmonizava. Tinha amigos com quem tratava a vida espiritual. Seu afeto era informado pelo espiritual. As irmãs Paulina e Eugênia Muños eram zeladoras do altar da Virgem. Paulina era de grande formação espiritual e de profunda experiência de Deus. Escolheu o silêncio irmão como seu diretor espiritual em sentido pleno (com permissão e recomendação do Pe. Leoz, superior de São Felipe). Paulina narra-o em sua autobiografia, que é profunda e de correta doutrina. A partir de abril de 1929, foi seu diretor espiritual. Ir. Victoriano deixou escritos sobre vida espiritual. Paulina morreu em 1933, e Eugênia salvou os escritos de ambos. Escreveu para Paulina retiros espirituais com grande propriedade; ele era um bom leitor. Reassumiu um livro de Lehodey, sobre o santo abandono, e ilustrou-o com Santa Teresa, São João da Cruz, São Francisco de Sales, Saint-Jure e Santa Teresinha. Em seus escritos revelou seu íntimo. A amizade espiritual foi frutuosa para o irmão. Disse: "Ganhei mais nestes cinco anos que em todos de minha vida religiosa". Ele era um irmão com formação de escola rural e pôde exercer uma direção espiritual, que é um assombro para os diretores espirituais oficiais. Ele se ofereceu para a difícil missão da China.

Quando começou a guerra, seu primeiro refúgio foi a casa de D. Eugênia Muñoz e, depois, o seminário. No dia 10 de agosto de 1936 foi levado dali juntamente com o Padre Xavier Gorosterratzu. Foram imolados juntos às primeiras horas da manhã. Ele era calado. Foi morto por ser religioso. Quando se procedeu a exumação de seu cadáver, viu-se que o tórax estava todo quebrado, o que faz supor que depois de morto ainda massacraram seu cadáver.

15

PE. PEDRO ROMERO ESPEJO

Espanha, 1871-1938

O caso do Padre Romero é, talvez, único na história da perseguição. É o caso de um martírio esquivo, diferente, que, apesar de sempre buscado, nunca chega. E por que não chegou? Seguramente porque não estava nos desígnios de Deus. Pode parecer demasiado cômodo alegar isso para resolver o enigma, no entanto é a isso que se deve recorrer, porque não há outra saída. De fato, se assim não fosse, o Pe. Romero, humanamente falando, deveria ter sido martirizado. Por que não o foi?

Pedro Romero Espejo nasceu aos 28 de abril de 1871, em Pancorbo, província de Burgos. Sua família, profundamente cristã e caridosa, acolhia a todos os pobres que por ali passavam e pediam pousada. Quando começou a se manifestar nele a inclinação para a vida religiosa, seus pais ficaram muito felizes. Seu primeiro impulso foi seguir os Jesuítas, depois que alguns padres passaram por ali pregando missão. Como mais tarde houve outra missão em Pancorbo, mas, dessa vez, pregada pelos redentoristas, foi por eles que Pedro acabou se decidindo.

Ao procurarem, seu pai e ele, ingresso em seminários, encontraram as portas fechadas. Seu pai fê-lo então estudar latim com um professor particular. Enfim, entrou para o seminário redentorista de El Espino, em princípios de 1886. Não era nenhum talento extraordinário, principalmente em matemática e em álgebra, matérias que andou bem mal. Mas era bom aluno, esforçado e sério; de temperamento tímido e retraído.

Em Nava del Rey fez, de 22 de agosto a 23 de setembro de 1889, os exercícios preparatórios para receber o hábito, o que aconteceu no dia 24. Iniciou, então, o Noviciado, que terminou com a emissão dos votos religiosos, em 24 de setembro de 1890. Nos estudos superiores, continuou mediano seu aproveitamento, mas o necessário para receber a ordenação sacerdotal, em 29 de fevereiro de 1896.

Os primeiros anos de sua vida ministerial foram dedicados quase que exclusivamente ao trabalho missionário. Residindo em diversas casas, principalmente em Astorga, de 1899 a 1910 pregou cerca de cem missões. Não que fosse grande missionário, pois não era bom orador; o que contava eram seu zelo e seu esforço. Pregava em um estilo antiquado, a voz era desagradável, tinha pouca técnica e não era atento às novas exigências da sociedade. Isso fez com que, aos poucos, fosse decrescendo sua atividade apostólica, e ele passou a trabalhar quase que exclusivamente no interior das igrejas das comunidades onde residia.

Não era ingênuo, sabia bem o motivo de sua reclusão e sofria com isso, principalmente pela falta de delicadeza e de caridade de alguns confrades que, com palavras e atitudes, deixavam transparecer seu menosprezo. Sofria calado, parecendo nada ver, nada ouvir, nada sentir, mas, no fundo, o coração sangrava.

Segundo o testemunho de um contemporâneo seu, o Pe. Romero foi: “Sério como seminarista, sério como noviço, sério como estudante maior, sério como padre e missionário. Religioso extremado na observância da Regra e no amor à pobreza. Jamais alguém o ouviu falar mal de um confrade. Sempre muito austero consigo mesmo”.

Ao estourar a revolução, só por força da obediência, Pe. Romero abandonou o convento e se refugiou nas Irmãzinhas dos Pobres. Idoso como era, no Asilo era apenas um a mais. E com isso passava despercebido. Ali estava feliz. Aquilo parecia a continuação da vida de comunidade: celebrava a missa, rezava o breviário. Mas não se conformava ao se ver escondido e protegido justamente em tempos em que tantos precisavam de ajuda espiritual. Por isso, sempre que podia, desafiava o perigo e saía à rua para exercer seu ministério.

Ao cair o Asilo sob o controle da CNT (Confederación Nacional del Trabajo), em agosto de 1937, teve de sair. Foi acolhido na casa de dona Bienvenida Herráez, onde morava, além dela, também sua sogra. Esta, que não regulava bem da cabeça, denunciou-o, e ele teve de apresentar-se ao Governo. Velho e maltrapilho, em vez de ser condenado, acabou por ser incluído na assistência social e recolhido no centro assistencial. Bastou, entretanto, alguns dos recolhidos verem-no com crucifixo e escapulário à mostra para o encherem de injúrias e ameaçarem jogá-lo fora pela janela.

Algum tempo depois, foi levado para a Casa de Beneficência. Não aguentando, porém, os demais alojados que, como em uma ladainha maldita, lhe martelavam os ouvidos com blasfêmias, foi-se embora dizendo que preferia morrer de frio na rua ou em um abrigo qualquer a ouvir aquele linguajar infernal.

A partir de então, os habitantes de Cuenca puderam contemplar um quadro estranho: um padre mendicante, que passava pelas ruas em trajes molambentos, blusa escura, manta xadrez e uma bolsa onde guardava alguma roupa, objetos piedosos e os pedaços de pão que recolhia. Todo mundo sabia que era um religioso. Muitos o conheciam pessoalmente. Não se envergonhava de levar à mostra o breviário, o rosário e o crucifixo. Recusou a quantas ofertas de abrigo que lhe fizeram famílias amigas; não queria comprometê-las e, além disso, assim estava mais livre para exercer o apostolado.

Sua vida foi chegando a um ponto insustentável. Passando fome, sede, frio, aos sessenta e sete anos sentiu suas forças definharem e pareceu-lhe um benefício o fato de o levarem preso em maio de 1938. No cárcere, dizia que encontraria muitos outros padres e religiosos que lhe poderiam prestar assistência na hora derradeira. E, enquanto vivesse, também ali poderia exercer seu apostolado.

Quase não teve tempo para isso. Sua saúde estava em um estado deplorável. Menos mal que encontrou nesse lugar um verdadeiro anjo tutelar na pessoa do jovem Gabriel Lozano, sacristão de Rubielos Bajos, que já o conhecia. Gabriel, que mais tarde foi irmão coadjutor jesuíta, assistia-o noite e dia. A ele é que se deve um emocionado relato da última etapa do martírio incruento do Padre Romero. Eis, resumidamente, os fatos principais desse relato: "No ano de 1938, não tenho presente a data, chegou Padre Romero à prisão de Las Descalzas, com uma blusa escura, guarda-chuva, uma bolsa com roupa, uma manta, livros, dois ou três crucifixos, rosário grande e pequeno, e com os olhos banhados em lágrimas... Apressei-me em saudá-lo e consolá-lo em sua profunda amargura... Ele me correspondeu com um belo sorriso e se tranquilizou... Pensando assisti-lo enquanto pudesse, convidei-o a meu alojamento, mas, como eram quarenta os que ali pernoitávamos, disse que preferia um lugar mais isolado; levei-o, então, a uma sala que ninguém ocupava... No chão duro, um saco de palhas, com sua bolsa por travesseiro, era sua cama... Como a comida da prisão lhe fazia mal, pedi a alguns amigos e bons senhores que recebiam comida de fora que lhe dessem algo, pouco, porque muito pouco bastava ao Padre Romero... Passava o dia todo em oração, ora com o rosário, ora com o breviário, e sempre com muita meditação... Ouvia confissões, dava muitos bons e proveitosos conselhos... Teve forte disenteria, sofrendo muito, vários dias e várias noites; mas não deixava a oração. Isso o debilitou tanto que tive de ajudá-lo a fazer sua higiene pessoal...

Um dia ou dois não pude assisti-lo; quando voltei, deparei com um quadro triste e desolador: o quarto imundo e ele coberto de moscas, quase em agonia, rezando jaculatórias... Ajudei-o a se colocar de pé e, enrolado em uma manta e apoiado em mim, levei-o à outra sala, lavei-o da cabeça aos pés e acabei conseguindo para ele um quarto mais decente, com cama, colchão, lençol e travesseiro... Ele, abraçando-me forte e demoradamente, só me dizia: 'Deus lhe pague! Deus lhe pague!'... Saí pela prisão pedindo alimentos para ele; depois de comer, pediu-me o crucifixo e o rosário, que começou a rezar e dormiu... Já não comia, só rezava, rezava... De nada se queixava, nem quando lhe deram a notícia de sua liberdade e logo a anularam... Repetia sempre: 'Água fresca! Água fresca! Jesus, Maria, José!'... Como já não pudesse ficar só, e eu completamente exausto, fizeram-lhe companhia durante algumas noites um agostiniano de Zamora, Padre José, um conterrâneo meu de Rubielos Bajos, e D. Trifón... A este indicou como queria que seus pertences fossem entregues a seu Superior quando saíssem da prisão... Para mim disse: 'Para você, este relógio e este crucifixo pequeno'... E nada mais falou; entrou em agonia... D. Trifón leu-lhe a oração da recomendação da alma... Deram-lhe duas injeções de óleo alcanforado... Levantou os braços e, adivinhando eu seu desejo, aproximei-me dele, que me abraçou fortemente e, abraçado a mim, expirou... Era o dia 4 de julho de 1938".

Pode o Padre Romero ser considerado mártir? Nós não sabemos definir. Só cremos que vale por um martírio a vida martirizada desse piedoso redentorista.

16

PE. VICENTE RENÚNCIO TORÍBIO

Espanha, 1876-1936

"O discípulo há de ser cópia viva do mestre"

Se Padre Girón (ver mais à frente) era o tipo do asceta, abstraído das coisas e voltado para dentro de si, onde encontrava a Deus, Padre Vicente Renúncio foi, bem ao contrário, um homem ativo, que consumia a vida a serviço do próximo e da família religiosa à qual pertencia.

Vicente Renúncio Toríbio nasceu em Villayuda, pequeno povoado a quatro quilômetros da capital, Burgos, e aos pés de uma montanha não muito alta, cujo cimo se ergue o mosteiro da Cartuxa de Miraflores. Nasceu no dia 11 de setembro de 1876. Estava, portanto, com sessenta anos quando entregou sua vida ao Senhor; mas sessenta anos que não eram o começo da velhice, e sim uma vigorosa maturidade, pois se mantinha tão robusto e ágil que nada nele denunciava o crepúsculo da vida.

O pai de Vicente chamava-se Nicasio Renúncio Manzanedo, o nome que Padre Renúncio haveria de adotar durante a perseguição, mas sem resultado positivo. Ignacia Toribio era o nome de sua mãe. A casa estava sempre aberta à caridade; todo aquele que necessitava de algo recorria com confiança ao senhor Nicasio e à dona Ignacia, pois ali se socorria a todos. A ninguém se negava nada.

Aos três anos foi acometido de grave enfermidade e dado como caso perdido. O médico não lhe receitava mais nada. "Que coma o que lhe apeteça e que morra contente o pobrezinho", dizia. Mas foi exatamente por alimentar-se com coisas estranhas entre si, como leite, vinagre, frutas, todas juntas e de uma vez, e por ser muito ativo desde pequeno, é que acabou sarando.

Na escola, não foi nenhum talento, como ele mesmo registrou em seus apontamentos biográficos. Já no catecismo, ninguém sabia mais que ele. Um primo seu quis ensinar-lhe latim; mas latim era o que menos lhe entrava na cabeça. Quiseram mandá-lo para os jesuítas; estes, porém, não o aceitaram, dizendo que dele pouco se podia esperar. Isso o deixou bastante desconsolado, pois lhe parecia desfeito seu sonho de ser sacerdote.

Dizem, entretanto, que Deus, se fecha um caminho, abre outro. Foi o que aconteceu. Em uma missão pregada pelos redentoristas em Agés, vilarejo vizinho de Villayuda, um missionário simpatizou com Vicente e propôs levá-lo para o seminário. Vicente não queria outra coisa e, em 13 de setembro de 1889, estava entrando no El Espino.

Anos mais tarde, também a irmã caçula de Vicente, Pilar, entraria para a vida religiosa no mosteiro Beneditino de Palácios de Benaver. Ela conta que Vicente era sério, mas nunca se aborrecia com nada. Quando ela ficava aborrecida, ele, com palavras mansas e com carinho, fazia com que descarregasse o cenho. E ele seria sempre assim: inalterável em sua mansidão.

Com o passar do tempo e em contato com o mundo, foi mudando um pouco o temperamento. Sem deixar de ser sério, prestativo e atencioso, foi deixando para trás o camponês sisudo e se tornou expansivo e alegre.

No Noviciado, que fez de 1894 a 1895 em Nava Del Rey, chamava-se frater Renúncio e passou-o sem maiores dificuldades. Oração e sólidas virtudes eram o que melhor harmonizava com seu gênio.

Em 8 de setembro de 1895, fez sua profissão religiosa e logo se transferiu para Astorga para cursar os estudos superiores. Talento, como já se disse, ele não tinha muito. Mas, com empenho, aplicação e oração, conseguiu chegar ao sacerdócio, recebendo a ordenação aos 23 de março de 1901.

No começo da vida de padre, foi missionário, e, pouco tempo depois, destinaram-no a ser professor no El Espino, cargo que ocupou de 1902 a 1906. Em seguida, voltou a ser missionário. Embora lhe faltassem as qualidades de bom orador, como memória, palavra fácil, gestos, sobravam-lhe piedade sólida, seriedade, aplicação e objetividade no trabalho, além do zelo pelas almas e de sua característica bondade e facilidade no trato das pessoas. A todos que a ele acorriam, em busca de conselho para enfrentar os problemas do dia a dia, ele sabia dar soluções acertadas.

Saiu das missões em 1909 e, embora ainda pregasse alguma missão aqui e acolá, nunca mais retornou efetivamente a esse campo. Voltou a ser professor e auxiliar do diretor no seminário, consultor, administrador de vários departamentos, inclusive da revista "El Perpetuo Socorro", e, por último, ficou alguns anos em Madri, na Comunidade do Perpétuo Socorro, como Prefeito do Santuário.

No dia 18 de julho, abandonou o convento e refugiou-se na casa de Miguel Huidobro, local não muito apropriado para esconder-se, pois seu dono era de atuação direitista, por isso também procurado pelos vermelhos. Poucos dias depois, fizeram uma vistoria ali, mas Pe. Renúncio estava fora no momento, havia saído para celebrar missa, o que fazia praticamente todos os dias, apesar de ser advertido por todos do risco que isso significava. Ao voltar, foi informado da vistoria e não quis entrar. Dirigiu-se à casa de umas conhecidas, as senhoritas de Salinas.

Não se sabe exatamente quantos dias permaneceu ali, mas o certo é que no dia 24 estava na casa de dona Dolores Rosado, onde ficou até 8 de setembro. E continuava saindo sempre para suas missas e para visitar famílias conhecidas, no exercício de seu ministério sacerdotal.

Dona Dolores arrumou para ele uma pensão na rua Malasaña, julgando que ali estaria mais seguro. Foi, no entanto, sua perdição. Surpreendido sem documentos, foi levado à Comissaria do Distrito de Chamberi e, dali, à Direção Geral de Segurança. No dia seguinte, levaram-no para a prisão Modelo, galeria 2.

Dos companheiros de prisão conservam-se vários testemunhos por escrito, que falam de seu espírito afável, bondoso, serviçal, sempre de bom humor, de caridade inesgotável, sobretudo ouvindo confissões no pátio da prisão ou nas celas e distribuindo alimentos e remédios que seus amigos lhe levavam.

Em 7 de novembro de 1936, foi o dia da grande retirada de prisioneiros, de várias prisões, para, como diziam, serem transferidos para o cárcere de Alcalá: novecentos e setenta da prisão Modelo; cento e setenta e cinco de Santo Antão; duzentos da prisão Nova; outros duzentos da prisão de Porlier, e alguns mais, totalizando mil e seiscentos. Na verdade, porém, desses só trezentos chegaram à prisão de Alcalá. Os demais mil e trezentos foram fuzilados na noite do mesmo dia, 7 de novembro, na grande matança de Paracuellos del Jarama. Entre eles, o Pe. Vicente Renúncio, a respeito de quem, a partir daí, nunca mais se soube nada.

Ao ouvir seu nome na lista de chamada, levantou-se e, emocionado, diante do Pe. José Machiñena, seu superior e companheiro de prisão, renovou os votos religiosos. Pe. Machiñena animou-o a que estivesse preparado e, se fosse o caso, que oferecesse a Deus sua vida pela Igreja, pela Congregação e pela Espanha. Com ânimo, e marchando resolutamente, falou Padre Renúncio em alta voz: "Ofereço minha vida pelos Confrades da Província, pela Congregação e por nossa desventurada pátria". Pe. Renúncio foi a última vítima redentorista da perseguição vermelha espanhola.

Descrever toda a sanha e desumanidade dos milicianos e dos episódios desse dia é quase impossível. Aqui estão, entretanto, alguns traços retirados dos relatos do Pe. Machiñena:

"Naquele dia, saímos tristes para o pátio... Em surdina, comentava-se o acontecimento do dia. Uns diziam que tinham ido para Alcalá, outros, para Chinchón... Um comandante amigo meu acercou-se de mim e, com toda reserva, transmitiu-me a versão que tinha ouvido de um Oficial de Prisões: que os que saíram no primeiro carro haviam ido para Alcalá, os demais haviam sido assassinados nos arredores de Madri e que muitos deles haviam sido enterrados vivos. E acrescentou: 'Quando se souber toda a verdade causará horror e espanto'. ... Despojando-os de tudo o que tinham de pessoal e amarrando-lhes as mãos, empurravam-nos para o carro... Assim foram levados ao local da execução. Uma vez ali, colocados à beira de valas, amarravam-nos de novo, em grupos de três ou quatro, que, ceifados pelas metralhadoras, iam caindo nas valas, arrastando uns aos outros, uns mortos, outros ainda vivos. Esses detalhes, eu mesmo os ouvi de um diplomata de Embaixada. O Corpo Diplomático teve notícias e até informações detalhadas dos atos monstruosos a que faço referência, mas só se ouviu a voz de protesto do representante do Governo Norueguês, que caiu no vazio. Os marxistas, impotentes para conter o avanço dos nacionalistas, vingavam-se de suas derrotas assassinando os presos, que não haviam cometido outro crime senão o de não pertencer à Frente Popular".

Sóror Pilar, a irmã de Pe. Renúncio, havia composto fervorosa oração em forma de poesia, rogando a Deus e à Virgem que livrassem o irmão das mãos dos perseguidores. Mas, ao inteirar-se de seu martírio, compôs esta outra: "Que o discípulo há de ser do Mestre cópia viva. De ser irmã de um mártir estou mui enobrecida; e por isso hoje, a teus pés, dou-te mil graças, rendida por ter sido meu irmão uma vítima escolhida".

17

PE. CRESCÊNCIO ORTIZ BLANCO

Espanha, 1881-1936

"Um menino aventureiro"

Com a história do Padre Crescêncio Ortiz entrelaçam-se as histórias de Pe. Angel Matíniez Miquélez e do Ir. Gabriel Saiz Gutiérrez. Os três, como se verá, foram assassinados ou, mais precisamente, "desapareceram" juntos. Por isso o martírio dos três vem narrado simultaneamente, em seguida aos dados biográficos do Padre Ortiz. Depois virão as biografias de Padre Miquélez e irmão Gabriel.

Se Pe. Jiménez foi um grande missionário, de Pe. Ortiz deve-se dizer que outra coisa não foi em toda a sua vida: missionário.

Nasceu em Pamplona, no dia 10 de março de 1881. Seus pais, Gumersindo e Luzia, eram profundamente piedosos; o pai até mais que a mãe. Ele confessava-se e comungava todas as semanas, rezava diariamente o rosário com a família. Dona Luzia pertencia ao Apostolado da Oração e era uma mulher muito de casa.

Crescêncio, segundo consta em seus apontamentos autobiográficos, gostava muito de aventuras, e Deus lhe proporcionaria uma que seria a maior de todas. Era pequeno ainda quando seus pais se mudaram para Vitória e, em seguida, para Villarreal, onde começou a frequentar a escola. Crescêncio gostava mais do rio que da escola. Até que o senhor Gumersindo descobriu essa malandragem e deu-lhe boas palmadas, acabando assim com os mergulhos no rio.

Outra de suas foi quando entrou na casa do veterinário de Villarreal, vizinho e muito amigo da família, e, vendo uma garrafa que lhe pareceu ser de aguardente, tomou um belo gole... de aguarrás. Logo, seu estômago começou a queimar como se tivesse engolido fogo. Gritando e correndo de um lado para o outro, foi acudido pelo veterinário, que lhe deu água e leite e, enfiando o dedo em sua garganta, fez com que botasse para fora a aguarrás.

Quando tinha oito anos, a família voltou a morar em Pamplona. Crescêncio, entretanto, ainda não havia descoberto o gosto pelos livros.

Certo dia, saiu cedo de casa e ficou fora o dia todo. Ao voltar, o pai lhe deu uma lição que jamais esqueceria, pois lhe deixou marcas pelo corpo que demoraram anos para desaparecer.

Aos onze anos, fez a primeira comunhão com muito fervor. Mas o fervor acabou quando o fogo das velas pegou nos véus de algumas meninas, e a igreja toda virou um rebuliço só. Seu coração, no entanto, já havia começado a mudar. Não se sentia tão atraído a travessuras como antes. Entrando um dia na Basílica de Santo Inácio, onde trabalhavam os redentoristas, gostou muito do hábito dos padres, do recolhimento deles e do quadro da Virgem do Perpétuo Socorro. Foi mais vezes rezar ali, até que se atreveu a conversar com Pe. Lorthioit e expor-lhe seu desejo de se fazer redentorista.

O padre examinou-o e julgou-o apto. Seus pais, embora sentindo muito, não se opuseram a sua vocação. E assim foi que, no dia 15 de setembro de 1893, aos doze anos, entrou no El Espino.

Pouco talento, não muita aplicação, bastante desordeiro, isso lhe valeu um belo último lugar no primeiro ano. Mas era jovial e alegre. Para ver se melhorava, procurou ser mais sério. Tornou-se melancólico e tristonho. Logo viu que essa máscara de nada lhe valia e voltou a sua alegria. Por uma frase dita por ele e mal interpretada pelo Diretor, Pe. Celestino, quase foi parar na rua, não fosse o bom senso de um professor, que conseguiu mostrar ao Diretor que o menino não havia tido nenhuma má intenção e que, pelo contrário, o sentido da frase era exatamente o inverso. Nada lhe aconteceu. Peripécias aqui, peripécias ali, terminou, enfim, o colegial e, em 24 de setembro de 1899, estava vestindo o hábito que lhe chamara a atenção nos padres da Basílica de Santo Inácio.

No Noviciado, tomou como virtudes preferidas a mansidão e a humildade, para toda a vida; como rainhas de suas devoções elegeu a devoção à Eucaristia e a devoção à Santíssima Virgem. Não tinha gosto sensível na oração, mas sim grande desejo de purificar-se e crescer na perfeição. Escreveu em seu diário: "Estou certo de que Maria Santíssima, São José, Santo Afonso e Santa Teresa me têm prestado auxílio eficaz em minha aridez, em meus desalentos, minhas penas, dificuldades e tentações, fazendo-me abraçar todas as cruzes por amor".

Mais aplicado e mais maduro, não teve nos estudos maiores em Astorga as dificuldades do seminário menor. Suas notas eram bem acima da média, chegando quase a excelentes. Tanto que, ordenando-se em 28 de dezembro de 1905 e terminando em seguida o último ano de teologia, foi nomeado professor de filosofia.

Após breve experiência, destinaram-no à vida missionária, na qual se desenvolveu de forma extraordinária, pois não foi feito para ser professor.

Astorga foi a casa em que mais tempo residiu. Partindo dali, pregou missões em León, Zamora, Astúrias e, principalmente, na Galícia, tornando-se um dos grandes missionários de seu tempo. De 1909 a 1921, entre missões e renovações de missões, foram mais de duzentas as que pregou.

Ficou dois anos na Comunidade de São Miguel, em Madri; sete anos na de Valência, e quase outro tanto na de Barcelona, onde residiu até 1936. Depois voltou à Comunidade de São Miguel, para ali encontrar a morte. Pouco antes dessa última transferência, havia sido designado para trabalhar na América. Alegou que sua saúde não o recomendava para tanto e foi poupado... Poupado para ser assassinado exatamente quando a equipe de missionários partia para o Novo Mundo.

Poucos dias depois de chegar a Madri, teve de abandonar o convento. Saiu com Pe. Calvo, pretendendo esconder-se na Torre dos Lujanes, pois Padre Calvo tinha muita amizade com seus zeladores. Estes, porém, diante do perigo que correriam se fossem denunciados, uma vez que aquele era um prédio de propriedade do Estado, recusaram-se a recebê-los. Como já era quase noite, voltaram ao convento.

No dia seguinte, 20 de julho, Pe. Ortiz, Pe. Miquélez e Ir. Gabriel saíram juntos com a intenção de se hospedarem na casa de uma família muito amiga dos redentoristas, a casa de Cosme. O jovem Cosme era a alma de todas as obras de apostolado juvenil da paróquia dos redentoristas, e sua mãe era de tanta confiança dos padres que estes guardavam em sua casa os objetos sacros do convento naqueles dias conturbados. Diante do perigo que corria em Madri, entretanto, essa senhora mudou-se para Ugena, deixando a chave de sua casa no convento para que os redentoristas fizessem uso dela como se deles fosse. Não obstante essa providência, seus dois filhos, Cosme e Juanito, não escaparam de cair nas mãos dos perseguidores e derramaram seu sangue pelo ideal que sempre os animara.

Vestidos à paisana, os três religiosos saíram de casa lá pelas quatro da tarde e, tendo apenas descido a primeira rua, ao chegarem à praça Cordón, ouviram gritar: “A eles, que são fascistas!” Ao que responderam com valentia: “Fascistas, não! Somos religiosos!” Ali mesmo quiseram linchá-los. Algumas senhoras, no intuito de salvá-los, disseram que eram italianos e pertenciam à Embaixada. Eles, entretanto, revistaram os três, tirando-lhes o que tinham: crucifixos, rosários, medalhas. Colocando-os em um carro, levaram-nos à casa de detenção da rua do Rollo.

As únicas testemunhas de seu caminho para a morte, quando os levaram depois de terem estado na casa de detenção, foram uma jovem da Praça Cordón e um rapaz, Luiz Bernardo, antigo coroinha da Basílica. Luiz reconheceu no carro o irmão Gabriel, que ia com outros dois. A partir desse momento, os três prisioneiros desapareceram, sem que nada mais se soubesse de concreto sobre a sua sorte final. Apenas que, depois das oito da noite, um guarda, que se havia interessado por eles, foi perguntar sobre sua situação. Ao que lhe responderam na casa de detenção da rua do Rollo: “Você chegou tarde; foram fuzilados há algumas horas”.

No mês de novembro, algumas lavadeiras da Prisão Modelo, ao serem indagadas, asseguraram que eles ainda estavam ali. O estranho é que outros redentoristas, cinco pelo menos, que por essa época estavam presos na mesma prisão, nunca mais ouviram a mínima referência sobre eles. Não souberam se foram levados de carro, como foram vistos, nem o dia, ou a hora, ou o local da execução – era esta, aliás, a marca registrada dos inimigos da Igreja: fazer "desaparecidos" e não assassinados –; certamente, foram de fato fuzilados naquele mesmo dia, conforme informaram na casa de detenção.

Confirmada essa versão, os três formam a vanguarda do grande número de redentoristas sacrificados na perseguição comunista, pois morreram no primeiro dia dela: 20 de julho de 1936.

18

PE. ANTÔNIO GIRÓN GONZÁLEZ

Espanha, 1871-1936

"Assassinado por ser padre e religioso"

Natural de Campo, província de León, onde nasceu em 11 de dezembro de 1871, Pe. Antônio Girón contava sessenta e quatro anos no dia de seu martírio. Entre os martirizados da Comunidade do Perpétuo Socorro, era o mais idoso.

Em casos como o do Pe. Girón, pode-se notar o caráter claramente antirreligioso da perseguição comunista da Espanha. Retirado já havia anos da atividade missionária, o piedoso sacerdote santificava-se caladamente dentro das paredes dos diversos conventos, os quais ia destinando a obediência religiosa. Desempenhava cargos apenas internos, que nenhuma influência tinham externamente, o que o fazia um perfeito desconhecido para o mundo. Mas Antônio Girón era sacerdote e religioso. Na falta de uma, eis aí duas razões para levá-lo ao martírio.

A mãe de Antônio, além de ter três irmãs freiras e dois irmãos padres, daria à Igreja um filho religioso e uma filha religiosa.

A primeira ideia de Antônio foi ser padre diocesano e, de fato, começou em 1882 a estudar como externo no seminário da Diocese de Astorga. E como diocesano foi quase até o fim dos estudos de filosofia, quando, certo dia, Deus lhe colocou no caminho alguns noviços redentoristas. Cruzou com eles na calçada e ficou impressionado com sua atitude recolhida e piedosa. A partir daí, a ideia de ser religioso foi tomando conta de seu coração, até que, afastando as dúvidas, decidiu e foi bater à porta do convento redentorista.

Foi admitido. Tomou o trem e se dirigiu a seu povoado, para comunicar a decisão à família e despedir-se dela. Qual não foi seu espanto, porém, ao se deparar com a oposição ferrenha de toda ela, principalmente de dois irmãos e, pasme-se, mais ainda de sua piedosa mãe.

Quem acabou convencendo a mãe foi uma vizinha, ao lhe dizer que, como religioso, seria mais fácil Antônio chegar a bispo. Os dois irmãos, no entanto, permaneceram firmes na oposição. Um morava em Campo, no povoado, e o outro morava em Astorga. Diante da insistência de Antônio, o que morava em Campo avisaria o de Astorga qual trem Antônio tomaria. Este, ao chegar, seria simplesmente sequestrado por um grupo de parentes e amigos, que tentariam, de todas as formas, dissuadi-lo de seu intento. Não se sabe bem por que, certamente por uma dessas intervenções em que Deus não aparece para assinar, Antônio acabou pegando o trem um dia depois do combinado e... os que tencionavam sequestrá-lo acharam que outros já tinham feito isso antes deles. Quando, enfim, souberam da verdadeira história, Antônio já estava entre os redentoristas em Astorga.

Em 14 de agosto, recebeu o hábito e iniciou o ano de Noviciado em Astorga mesmo, pois a casa própria para isso, em Nava Del Rey, estava em reforma. Terminada a reforma, transferiram-se para lá os noviços e ali concluíram o Noviciado.

No ano de Noviciado, entretanto, aconteceram alguns episódios dignos de nota, não tanto por causa dos noviços, e sim de seu santo Padre Mestre, o francês Pe. Chavatte. Esse inesquecível sacerdote usava métodos bem seus para provar os noviços. Ao notar, por exemplo, algum noviço vacilante na virtude da humildade, mandava que fosse ao campo e desse um abraço em Platero, um burrico, aliás, muito trabalhador, que, durante quinze anos, esteve a serviço da casa.

Não consta que frater Girón tenha sido submetido a essa prova. Padre Chavatte, no entanto, impôs-lhe uma que, em seu entender, iria dizer com segurança se o candidato estava firme na vocação. Como a casa estava passando por séria crise financeira, Padre Chavatte mandou que frater Girón tomasse algumas folhas de jornal, colocasse-as em cima do altar e rezasse com todo o seu fervor pedindo a Deus que as convertesse em cheques bancários, se possível de bons valores. O bom noviço baixou a cabeça, dirigiu-se à capela, colocou as folhas de jornal sobre o altar e se pôs a rezar. De quando em quando, levantava o olhar para ver se a transformação havia acontecido. Nada. Mais um tempo e... nada. E assim se passou a noite. A luz do amanhecer do novo dia o fez ver com mais clareza que o milagre não acontecera. Para sua maior decepção, logo cedo foi a seu encontro o santo Padre Mestre que, com um sorriso maroto no rosto, lhe disse que o milagre não se dera porque ele não sabia fazer oração... Mas houve quem afirmou que, de repente, a economia da casa começou a melhorar. Não foi então tudo perdido naquela noite...

Frater Girón emitiu os votos religiosos no dia 15 de agosto de 1889. Voltando para Astorga, ali cursou filosofia e, em seguida, teologia. Como no seminário diocesano, foi brilhante nos estudos. Sempre muito piedoso e atento ao crescimento da vida espiritual, chegou ao sacerdócio, em 19 de maio de 1894.

A ordenação aconteceu em León, pois o bispo de Astorga havia falecido recentemente. Eram dezesseis os ordenados que, em 6 de junho, seguiram para o povoado de Viloria de Orbigo, para cantar a primeira missa na igreja de um convento de monjas, onde viviam uma tia e uma irmã de Padre Girón. Parentes e familiares dele estavam presentes em grande número, com a mãe à frente, cujo semblante explodia felicidade.

Bons anos do início de sua vida de padre ele foi alternando como professor em diversas áreas e, como missionário, passando por várias residências. Confessor do seminário, prefeito do Segundo Noviciado, Superior em várias casas, quatro vezes Consultor Provincial: isso dá uma ideia de sua multiforme capacidade de trabalho.

Homem talentoso e, sobretudo, homem de grande virtude: contemplativo, mortificado, observante da Regra, verdadeiramente exemplar. Embora não tivesse tido grandes qualidades como orador, soube escrever sermões de conteúdo para as missões, os quais, juntamente com os de outro grande missionário, o Pe. Sarabia, mereceram ser publicados mais tarde.

Chegou pela última vez à casa provincial do Perpétuo Socorro, em Madri, nos primeiros dias do mês de julho de 1936, como que indo ao encontro do martírio, pois já no dia 20 do mesmo mês teve de deixar o convento para refugiar-se na casa de uma amiga da Congregação, a viúva do senhor Celorrio. Para não causar incômodo à família, passou as três noites que ali esteve recostado em uma poltrona.

Na ânsia de celebrar a missa diariamente, aventurou-se a sair de casa e ir até onde estava alojado o padre Superior, a fim de lhe pedir permissão para passar para o Asilo das Irmãzinhas dos Pobres. Conseguida a permissão, transferiu-se para lá e se apresentou à Superiora das Irmãzinhas, colocando-se totalmente à disposição delas. Celebrava todos os dias e confessava a quem o procurasse. Logo ao chegar, expôs seu pensamento: “Eu viverei escondido. Mas, se me descobrirem, eu não dissimularei que sou redentorista”.

Por causa de um comunicado que haveria vistoria no Asilo da rua Almargo, onde se encontrava Padre Girón, transferiram-no às escondidas para o Asilo da rua Dr. Esquerdo; foi exatamente ali que acabou acontecendo a vistoria. Há quem seja de opinião que foi um senhor idoso que o acompanhou na transferência quem o denunciou. Escondeu-se na enfermaria, mas foi achado e detido junto com Pe. Requejo, um Lazarista.

Padre Girón, que tinha passos pesados e mancava um pouco, marchou resoluto e com um sorriso no rosto quando os milicianos lhes deram ordem para ir até o carro que os esperava fora. Durante o trajeto, os dois foram obrigados a ouvir a conversa dos milicianos, conversa que tiraria o ânimo de qualquer valente. No meio do pelotão, ia um que parecia estar “debutando” como atirador. E os outros lhe diziam: “Hoje, você pode ensaiar bem, pois esses frades não se mexem”.

O carro desapareceu e... nunca mais se soube absolutamente nada deles. Nem seus restos mortais jamais foram encontrados.

Enquanto os levavam, iam os dois rezando e se deram mutuamente a absolvição. Segundo alguns, fuzilaram-nos junto ao muro do hospital São João de Deus; segundo outros, foi por perto do Asilo mesmo, a julgar pelo rápido regresso dos assassinos. As disposições, em que se encontravam os dois religiosos nos últimos momentos, revelaram-se na conversa dos assassinos de volta de sua triste tarefa: “Havia que ver esses tios; não soltaram o rosário até o fim”.

19

PE. ANGELO MARTÍNEZ MIQUÉLEZ

Espanha, 1907-1936

"O bom religioso"

Aos vinte e nove anos, foi cortada e derrubada essa árvore, que tantos e tão ricos frutos prometia. Angelo nasceu em um povoado de Navarra, chamado Funes, em 2 de março de 1907. Foi batizado no dia seguinte. José Martinez e Joana Miquélez era como se chamavam seus pais. Quando religioso, Angelo foi chamado pelo sobrenome da mãe, Miquélez, porque já havia um padre com o nome de Martínez.

Dona Joana morreu cedo. Angelo foi confiado aos cuidados da irmã de seu pai, sua madrinha além de tia, que, muito piedosa, tomou o menino nos braços, colocou-se diante do altar da Virgem e o entregou a sua especial proteção. Já maiorzinho, a partir do momento que soube desse gesto, e até o fim da vida, recordou-se dele sempre com emoção.

Quando Angelo tinha cinco anos, toda a família mudou-se para Buenos Aires, em busca de vida um pouco melhor, pois a pequena porção de terra que possuía o senhor José mal dava para que ela sobrevivesse. Durou dois anos a aventura, e tiveram de voltar à Espanha, pois, se em Funes não iam bem as coisas, em Buenos Aires andaram pior.

Tentando estabelecer-se, o pai de Angelo ficou alguns meses com a família em Navarra. Conseguiu colocar Angelo no colégio dos Padres Esculários. Inteligente, aplicado e piedoso, começou a chamar a atenção dos padres, que já o olhavam com interesse. Mas Deus tinha outros planos para o menino.

Ainda quando a família estava em Navarra, houve missões redentoristas em Funes. Madalena, a madrinha de Angelo, foi conversar com os missionários a respeito de três sobrinhos seus, especialmente sobre Angelo, seu afilhado. Meses depois, quando os missionários retornaram para a renovação da missão, sua família já havia voltado a morar em Funes. Angelo gostou dos missionários e os acompanhava para onde iam.

Não deu outra: em fins de fevereiro de 1918, antes, portanto de completar onze anos, Angelo foi admitido no El Espino. Fez com êxito os estudos colegiais, pois, como já se viu, era inteligente, aplicado e, além disso, muito sério em tudo o que fazia. Seu ano de Noviciado, feito em seguida, também transcorreu sem novidades. Em 24 de agosto de 1925, pronunciava seus votos religiosos.

Os seis anos de filosofia e teologia não foram diferentes, ou, se foram, foram para melhor, pois suas notas, salvo raras exceções, sempre estiveram entre excelentes ou ótimas. Sua ficha, tanto do Noviciado como do seminário maior, é a mesma: "Talentoso, ajuizado, de boa índole; sério, correto, piedoso, constante, amante da vocação. Um pouco teimoso".

Teimosia, aliás, olhada sob determinado ângulo, pode significar perseverança. E foi com perseverança que Angelo Martínez Miquélez chegou ao sacerdócio, em 20 de setembro de 1930. Nesse mesmo ano, foi designado como professor de filosofia, cargo que desempenhou até 1934, quando, pela metade do ano escolar, teve de ser substituído devido a um esgotamento nervoso causado por excesso de esforço e trabalho. Deram-lhe um tempo de descanso no El Espino. Já em abril do mesmo ano, recuperado, convidaram-no a pregar duas missões. Em maio, foi para a casa de Granada, onde só esteve poucos meses, pois, em 6 de outubro, chegava à Comunidade do Perpétuo Socorro, com o cargo de secretário particular do Superior Provincial.

Em 28 de dezembro, com pouco mais de dois meses nesse cargo, escreveu a seu irmão João, a essas alturas professo redentorista como Irmão coadjutor com o nome de Firmino: "A secretaria provincial vai-se fazendo aos poucos. Não me impede de pregar em casa e fora. Em 6, 7 e 8 de dezembro, preguei um tríduo na paróquia do Pilar; foi meu grande batismo como pregador, pois um tríduo para mim – filósofo até agora – era coisa de outro mundo. Mas saiu bem: é preciso ser otimista".

Depois de duas missões pregadas no ano seguinte com o grande missionário Padre Sarabia, deixou anotado: "Creio que aprendi muito do companheiro para a vida apostólica". De fato, em 12 de abril, tocou-lhe fazer a abertura da missão de Griñón. Já eram os tempos difíceis da ditadura marxista, tempos em que aconteciam aqui e ali fatos deploráveis para a religião. Um desses foi exatamente nos dias da missão em Griñón, quando um bando de sacrílegos entrou na igreja à noite, arrombou o sacrário e esparramou as hóstias consagradas pelo chão da igreja. O povo revoltou-se, fez atos de desagravo e acorreu em maior número e com mais fervor à missão.

Mesmo contando apenas vinte oito anos, Pe. Miquélez mostrou ser homem maduro e experimentado. Eis o que escreveu, por exemplo, a seu irmão João, por ocasião de sua profissão como Irmão redentorista: "... a gente é feliz quando se vence, quando se sacrifica. Os homens que se põem a satisfazer seus gostos e a gozar de comodidades vão encontrá-los muito mesclados de dissabores; isto é certíssimo, e, algumas vezes, ali onde pensavam ser plenamente felizes acham verdadeiros martírios. Muitos deixaram-se levar pelos atrativos do mundo e, ao experimentarem o ilusório de tudo aquilo, não tiveram outro remédio senão lamentar seu erro pelo resto da vida".

As nomeações trienais de 1936 só o fizeram mudar de casa, não de cidade: saiu da Comunidade do Perpétuo Socorro e foi para a de São Miguel. A partir da transferência, teve a mesma sorte do Padre Ortiz e do irmão Gabriel, como já se viu páginas atrás: tornou-se mais um ilustre "desaparecido". Tinha só vinte e nove anos.

20

PE. DONATO JIMÉNEZ BIBIANO

Espanha, 1873-1936

"Um menino que não promete muito"

Missionário: esta palavra define bem a personalidade e a vocação de Pe. Donato Jiménez, que nasceu em Alaejos, província de Valladolid, em 21 de março de 1873, e foi batizado no dia 25 do mesmo mês. Seu nome, Donato, era um presságio, pois passaria a vida dando-se às almas por amor a Deus.

Miguel Jiménez, pai de Donato, faleceu quando ele tinha apenas quatro anos. Como próspero exportador que era dos bons vinhos de Alaejos e de Nava del Rey, parecia ter deixado assegurada a boa situação econômica da família. Não foi bem assim, entretanto. Com a incumbência já enorme de manter e levar avante a educação dos sete filhos, dona Brígida Bibiano viu-se assoberbada pelos negócios e, só à custa de sua força e confiança em Deus e com a colaboração de todos os filhos, conseguiu não deixar atolar o carro da economia doméstica. Até Donato, o caçula, para ajudar, pôs-se a vender castanhas. Ganhou, com isso, o apelido de Castanheira.

Donato começou a ir à escola aos seis anos, com o irmão mais velho. Gostava mais, no entanto, de correr pelas ruas e brincar. Tinha de ser seguido e vigiado para se ter certeza de que entrava mesmo na escola. Às vezes, era só à força que a mãe ou o irmão maior o levavam até lá e entregavam nas mãos do professor. Mesmo assim, vez ou outra, conseguia fugir. Aos oito anos, foi reprovado pelo pároco no exame de catequese, não podendo, então, fazer a primeira comunhão. Isso mexeu com seu amor-próprio, e ele se pôs a estudar com mais empenho o catecismo para, no ano seguinte, receber a Eucaristia. Conseguiu.

Com um amigo, foi até a ermida da Virgem e prometeu-lhe ser melhor dali em diante. Aliás, todos pensavam que, com a primeira comunhão, ele mudaria. E mudou... para pior. Suas peraltices cresceram em número e em qualidade. Ia cada dia menos à igreja. Suas companhias não eram das melhores. Dona Brígida nada sabia por quais caminhos andava seu caçula. Já aos treze anos, por bem ou por mal, entrava em cassinos, bilhares, teatros e bailes. Tudo parecia dizer que ia de mal a pior. Sinais de vocação ao sacerdócio? Por enquanto nenhum. Só uma esperança: como ele mesmo testemunhou mais tarde, nunca deixou de recomendar-se à Virgem.

De 17 a 30 de março de 1887, dois missionários de Nava del Rey, Pe. Negro e o francês Pe. Lorthioit, pregaram missão em Alaejos. Donato sentiu-se atraído por eles. Brigava com outros para ser ele o coroinha nas missas que eram celebradas pelos missionários sempre antes de o dia amanhecer. Ao final, ainda de acordo com seu testemunho, o que mais lhe agradou na missão foi um solene ato de desagravo à Virgem do Perpétuo Socorro.

E Donato começou a converter-se. Aos poucos, deixou a companhia dos amigos, que já o estavam transformando em um verdadeiro depravado, e passou a fazer amizade com o sacristão da paróquia de São Pedro. Um dia, esse lhe contou que estava se preparando para entrar em Nava del Rey. Donato se pôs a pensar: "Que bela vocação escolheu. Por que não faço eu o mesmo?" Passou a ajudar em uma ou duas missas todos os dias, depois ficava na igreja por boa meia hora rezando o rosário, comungava pelo menos aos domingos... Já era outro Donato.

Ao falar com a mãe de sua vontade de se tornar sacerdote, recebeu dela forte recusa. Uma paroquiana devota, que o via rezar na igreja, ofereceu-se para rezar por sua vocação e a falar com sua mãe. Quando Donato falou com dona Brígida pela segunda vez, esta não só não lhe fez oposição, como também o ouviu com muito agrado.

Convencida a mãe, teve depois de convencer seu padrasto. A devoção a São José ajudou-o. E dinheiro para pagar os estudos no colégio? Novamente com a ajuda da paroquiana, que convencera sua mãe, e do Arcebispo de Alaejos, venceu também esse obstáculo. Por fim, com mais três companheiros, em 19 de setembro de 1887, entrou no seminário.

Aberto e expansivo, dava-se bem com todos. Muito bem igualmente nos estudos e no comportamento, terminou o colégio sem maiores novidades. Em 12 de agosto de 1892, davam entrada no Noviciado dois dos quatro de Alaejos que haviam entrado juntos: Donato e Saturnino Martín. Os outros dois saíram por motivos de saúde.

Seu conterrâneo e companheiro, Pe. Martín, assim escreveu sobre ele em suas recordações: "No seminário, Donato foi sempre edificante, piedoso, aplicado, obediente, caritativo, sincero e franco com os Superiores. Como era dócil, expansivo, de bom caráter e prestava-se a tudo com boa vontade, os professores tinham grande confiança nele. No Noviciado, continuou cada vez mais piedoso, alegre e comunicativo. Tinha muita ordem em suas coisas, muito esmero e asseio consigo mesmo; estava com a batina sempre limpa e bem passada".

Pe. Chavatte, mestre de Noviciado, cedo percebeu em frater Jiménez um fundo de vaidade que teria de combater, e não se enganava em sua percepção. Mandou que colocasse nas costas um avental de cor azul e com ele ficasse durante todo o dia. Seus companheiros riam-se dele, mas ele suportou a provação com humildade e paz interior.

Superando assim a vaidade e outros defeitos, terminou o Noviciado e, em 8 de setembro de 1893, pronunciou, com grande fervor, os votos religiosos. Foi para Astorga e iniciou os estudos de filosofia e teologia. O mesmo Pe. Martín, companheiro dos anos de estudantado, assim escreveu sobre ele: "No seminário maior, continuou sua vida de piedade e até a fez crescer. Por isso o Padre Prefeito lhe dava cargos de confiança. Fez os estudos superiores com grande aplicação: embora não chegasse a ser extraordinário, tinha muito talento e era esforçado. Ordenou-se sacerdote, em 27 de maio de 1899".

Passou seu primeiro ano de atividade sacerdotal em Nava del Rey, como auxiliar do Mestre de noviços. Era religioso de vida edificante que contribuía, e muito, para o clima de piedade que devia reinar na casa. Já nesse ano, ao pregar os exercícios anuais para a Confraria de São Francisco de Paula, começou a colher os primeiros frutos de sua boa oratória. As senhoras pertencentes a essa Confraria, de uma maneira geral, não iam lá muito bem tanto na vida de piedade quanto nas atividades próprias da Confraria. Um dos motivos disso era porque, nos últimos anos, não haviam tido um bom pregador que lhes avivasse o ânimo. Pe. Jiménez, no entanto, teve tamanho êxito que, ao final, as velhas senhoras choravam de alegria dizendo que ninguém, até então, havia-lhes tocado tanto a alma.

Em 23 de setembro, foi designado para El Espino como professor de latim e como segundo auxiliar do diretor do seminário. Logo nos primeiros dias de outubro, foi a Solduengo, um lugarejo próximo, para pregar um tríduo. Grande foi o sucesso e tanto gostou o povo que, tendo ido a pé para lá, deram-lhe, para voltar, um fogoso cavalo. Como testemunhou mais uma vez o Padre Martín, "... seus sermões eram substanciosos e bem trabalhados".

O fervor e a elevada espiritualidade do Padre Jiménez puderam ser apreciados por quantos que com ele conviveram e são comprovados por alguns de seus escritos espirituais, que foram salvos no meio de todo aquele naufrágio de coisas religiosas levadas a efeito pelos perseguidores, para quem qualquer papel em que se encontrasse escrito o nome de Deus podia levar o autor à morte.

Teceu para si uma espécie de regulamento de vida, no qual se pode ler, entre outras normas: "Ao ouvir o toque da campainha, eu me levantarei prontamente da cama, oferecendo essa primeira mortificação a Jesus Cristo... Ao colocar a batina, eu a beijarei, pedindo a Nosso Senhor e a Santíssima Virgem ser enterrado com ela. Entregarei o coração a Jesus Cristo, não permitindo que se apegue às criaturas... E os olhos para mim são o maior perigo, como me disse o Padre Prefeito... Vem depois o 'eu' pessoal, tão querido. Quanto à minha honra, já a depositei nas mãos de Jesus Cristo... Quero ser um defensor da Santa Regra e defensor acérrimo da autoridade; nas sugestões contrárias, eu me conduzirei como nas tentações contra a fé e a castidade".

Em 1923, pregou exercícios espirituais para quinhentos e cinquenta homens em Nava del Rey, conseguindo muitas conversões. Segundo a crônica da casa, "falou como um verdadeiro missionário". Mesmo sem técnica de voz, pois começava em um tom muito alto e já na metade do sermão estava meio afônico, fazia seu auditório suspirar e derramar lágrimas. Com o tempo, foi moderando esses fervores de principiante e aprendeu a economizar a voz. Era afável, sorridente, entusiasmado e prestativo; com isso ganhava os corações.

Residindo em Astorga, Pamplona e Santander, foi o grande missionário da Galícia, León, Astúrias, Santander, Burgos e Navarra. Era chamado com frequência para pregações solenes, como também para pregar exercícios espirituais a religiosos e religiosas. Muitos conventos, tanto masculinos como femininos, devem-lhe bom número de vocações, tal era sua habilidade em conquistar jovens para a vida religiosa.

Além disso, ocupou na Congregação postos de responsabilidade: foi Superior das Comunidades de Pamplona (nove anos), Santander (três anos) e Vigo (dois anos). Sempre se destacou por sua atividade; costumava dizer que, em suas Comunidades, não queria mais que gente que pudesse trabalhar. Sabia guiá-las nos caminhos de profunda piedade e sólido crescimento espiritual. Não era homem perfeito, contudo: em seu otimismo não tinha olhos senão para ver seus triunfos.

Ao deixar o cargo de Superior em Vigo, em junho de 1936, foi destinado para a Comunidade de São Miguel, em Madri. Fazia apenas duas semanas que estava ali quando estourou a Guerra Civil. No dia 20 de julho, abandonou a casa religiosa e se refugiou na casa de um amigo e conterrâneo seu, o senhor Jerônimo Fernández Puertas. Lá permaneceu até o dia 12 de setembro, levando vida de recolhimento e oração e saindo unicamente para celebrar missa na Nunciatura. Otimista, estava convicto de que a vitória da Espanha nacionalista não passaria de dias.

De repente, chegou a seus ouvidos que umas mulheres estavam comentando que no número 8 da Cava Baja – endereço do senhor Jerônimo – estava escondido um frade. Para não colocar em perigo a vida de seu amigo, decidiu sair. Este se opôs, dizendo: “Padre, não se vá. O que lhe acontecer que aconteça também a nós”. Apesar disso, Padre Jiménez se julgou na obrigação de sair para não comprometer o amigo. Escondido o mais que pôde, no dia 12 estava na casa de Lola Moreno.

Tudo parecia tranquilo... até o meio-dia do dia 13, quando se apresentaram sete milicianos, armados de fuzis e pistolas. Lola e o padre combinaram que ele seria apresentado como uma visita sua. De nada adiantou, pois eles já sabiam o nome e condição de padre. Levaram os dois para a casa de detenção e interrogatórios. Lola Moreno, diante de perguntas ofensivas e trapaças canalhas, respondeu-lhes com toda valentia: “Podem matar-me, mas nunca negarei o que sou: católica, apostólica, romana. Não me impressionam as calúnias que quiserem inventar”.

Às cinco da tarde, Padre Jiménez foi colocado no porão da casa de detenção, onde não havia nem luz, nem ventilação direta. Ali encontrou Pe. Jenaro Javier Vallejos, célebre escritor, que, entretanto, conseguiu ocultar sua condição de sacerdote e acabou se salvando. Foi ele quem, mais tarde, forneceu interessantes dados sobre seu companheiro de prisão.

Contou, por exemplo, que os que já estavam ali, ao verem aquele homem de batina negra, sorridente e de semblante sereno, logo pensaram: “Este é frade. Não dá para dissimular”. E ele, de fato, já nas primeiras conversas, declarou abertamente: “Senhores, sou religioso redentorista; por isso me prenderam”. Ficou feliz em conhecer Pe. Jenaro. E não deixou de exercer seu sacerdócio, animando e encorajando os mais desesperados e confessando a muitos deles.

Lá pelas oito da noite do mesmo dia foi chamado para depor novamente. Ao subir para a sala, foi visto por Lola Moreno, mas não se falaram. Pouco depois, ela foi posta em liberdade. Depois de demorado interrogatório, voltou ao porão, agora pensativo e preocupado. E explicou o motivo: entre os inquisidores havia um que o conhecia, a julgar pelas perguntas que lhe fizera: “Onde está o padre provincial? Onde estão padres fulano e sicrano? Não é verdade que pregou muito na Galícia e em Navarra e que o chamavam ‘picareta de ouro?’”

Não podia afirmar com certeza, mas acreditou ter reconhecido um apóstata de antes da guerra, que havia sido redentorista, Gregório García Muñoz.

A partir de então, já não era tão otimista nem tinha o mesmo bom humor. Mas continuou ajudando e animando a todos, inclusive ao Pe. Jenaro. Um a quem muito ajudou foi o jovem Antônio Gómez Fernández, que depois ganhou a liberdade. Ao falar mais tarde com os Padres Lucas e Colmenares, Antônio não conseguia conter as lágrimas: "Eu sou muito agradecido a ele. Depois de me confessar e confortar, disse estas palavras: 'Em último caso, meu filho, se nos matam, já sabemos o que temos de fazer: gritaremos com todas as nossas forças: Viva Cristo Rei! E entraremos no céu'".

Isso aconteceu em 16 de setembro. No dia 17, já altas horas da noite, soou o chamado na porta do porão: "Donato Jiménez, depor. Toma!" E o oficial de ordem entregou-lhe um envelope branco, que era a senha da sentença de morte.

Pe. Jiménez não mais voltou. Provavelmente, naquela mesma noite ou na madruga de 18 de setembro de 1936, diante do pelotão de execução, pôde colocar em prática seu programa: Viva Cristo Rei! Foi sua última missão, sua última pregação.

21

PE. JOSÉ MARIA URRUCHI ORTIZ

Espanha, 1909-1936

"Curto de inteligência, mas modelo de estudante"

Pe. José Maria Urruchi Ortiz foi o mártir mais jovem da perseguição comunista: morreu aos vinte e sete anos. Os fuzis não lhe deram tempo para fazer história, a não ser aquela que vale por todas: seu holocausto e seu triunfo.

Em 11 de fevereiro de 1909, nasceu José Maria em Ayuelas, povoado não muito distante do Colégio Nossa Senhora del Espino, dos redentoristas. Seus pais, Marcos e Laureana, eram lavradores pobres, o que dificultou a entrada do menino no seminário, que, já desde muito pequeno, havia manifestado essa inclinação.

Por fim, o Padre Diretor, vendo as boas disposições de José Maria, abriu-lhe bondosamente as portas, e, no dia 21 de setembro de 1921, chorando de alegria, o garoto vestiu o uniforme do colégio.

Como ele mesmo contou, teve dificuldades nos estudos, além de uma doença nos olhos, que o afligiu muito. Com extremo esforço, conseguiu chegar ao Noviciado em Nava del Rey, fazendo sua profissão religiosa dia 24 de agosto de 1927.

Nos estudos de filosofia e teologia, a curteza de inteligência, a enfermidade nos olhos e outras limitações foram para ele verdadeiro pesadelo, só vencido à força de muita tenacidade. Quase que contrastando com tudo isso, eis o que deixou escrito sobre ele Pe. Labastida, seu companheiro de estudos e meio conterrâneo: "Nosso Pe. Urruchi foi sempre modelo de estudante e modelo de religioso, aplicado no estudo, amigo da vida recolhida, humilde, amante da oração e sofrido. Nunca alguém lhe quis mal, e ele jamais ofendeu ninguém".

Esse calvário de sofrimentos, entretanto, causou estragos em sua personalidade. Tornou-se um homem escrupuloso, tímido, reservado. Mas conseguiu chegar ao sacerdócio, dando-se sua ordenação, em 2 de outubro de 1932, em Astorga. Após a ordenação, teve ainda um ano de estudos, como era norma na Congregação, e fez em seguida seu segundo Noviciado em preparação para a vida apostólica.

Findo esse, foi destinado, em fevereiro de 1934, a La Coruña, iniciando lá um verdadeiro périplo por diversas casas, buscando sempre onde melhorar sua saúde. Morava em Cuenca em 1935, quando pregou uma missão, com Pe. Ibarrola, nos arredores de Madri. Não há notícias de que tenha pregado outras, pois morou pouco tempo em Cuenca. Dali, foi a Vigo e, alguns meses depois, encontrava-se na Comunidade do Perpétuo Socorro, em Madri. A crônica da casa, ao registrar sua chegada, diz: "padece de grande debilidade de cabeça". Era outubro de 1935; em julho de 1936, morreria.

Quando saiu do convento, em 20 de julho, Pe. Urruchi, juntamente com Ir. Máximo, refugiou-se na casa de Roberto González Nandín, alta patente da Marinha. Refúgio pouco estratégico, uma vez que a casa estava na mesma rua e a poucos metros do convento. Além da proximidade física, havia a proximidade afetiva de González Nandín, que era cristão de firmes princípios religiosos e grande amigo dos padres redentoristas, tanto que estes lhe haviam confiado a guarda de vários objetos sacros da igreja e do convento do Perpétuo Socorro. A casa tinha capela, permitindo, assim, que Padre Urruchi celebrasse missa diariamente. E os dois, ele e Ir. Máximo, tinham ali uma vida quase conventual.

A companhia do Ir. Máximo durou poucos dias. Precisou ceder seu lugar ao Ir. Pascual, que estava correndo grande perigo onde se estava escondido. Só quem não entende a linguagem de Deus é que não consegue ver sua mão providencial nessa troca. Pe. Urruchi e Ir. Pascual viveriam de tal forma unidos em amizade, ajuda e conforto mútuos, oração e modo de vida, que juntos seriam levados ao martírio e juntos morreriam. Dona Concepción Fernández de la Puente, esposa e logo mais viúva de González Nandín, testemunhou que os dois passavam o dia e boa parte da noite diante do Santíssimo, ou lendo e rezando em seus quartos.

Às dez da manhã de 21 de agosto, chegaram os milicianos para uma vistoria. Conta dona Concepción que, quando os levaram, estavam muito serenos. Mas não falou nada de seu marido que, com a mesma atitude, foi levado junto. E mais: levaram também cálices, castiçais e outros objetos religiosos, além de joias da família. Difícil dizer se os representantes da Frente Popular eram mais assassinos ou mais ladrões.

Na mesma noite do dia 21, o porteiro da casa dava a seguinte notícia à dona Concepción: “Do senhor Roberto nada sei; aos religiosos, vão matá-los esta noite”. Na verdade, mataram os três.

Não há notícia certa de para onde os levaram. O corpo do senhor Nandín apareceu, no dia 23, no depósito de cadáveres do hospital São Carlos, com a seguinte ficha: “Traído de Getafe”. Junto a seu cadáver, havia outros dois, que o médico, Dr. Ricardo Pérez Ortiz, não pôde identificar, pois não os conhecia, e não se pode afirmar com segurança que seriam dos dois redentoristas. É muito provável, no entanto, que foram assassinados no mesmo lugar, e, seus corpos, recolhidos juntos.

Felizmente (felizmente?), em 1944, depois de muito esforço e buscas incansáveis, o Pe. Lucas Pérez pôde anunciar o encontro dos restos mortais dos dois mártires. Isso se deu graças às fotos que a Cruz Vermelha costumava fazer quando conseguia entrar clandestinamente nos locais de execução. Revolvendo uma porção de álbuns de fotos dos assassinados, Pe. Lucas encontrou as do Pe. Urruchi e do Ir. Pascual, com suas correspondentes fichas.

22

IR. GABRIEL SAIZ GUTIÉRREZ

Espanha, 1896-1936

"Religioso de verdade vai direto para o Céu"

Simplicidade, desprendimento das coisas do mundo e total entrega a Deus são traços que bem definem Ir. Gabriel.

Bernardo Saiz Gutiérrez era o nome de batismo desse Irmão, que nasceu em 23 de julho de 1896, em um vilarejo da província de Burgos chamado Melgosa. Batizado, no mesmo dia recebeu, segundo um costume de Burgos, um advogado no céu, na pessoa de Santo Apolinário.

Manifestou logo cedo inclinação para a vida religiosa. Seus pais, Martín e Casilda, pobres lavradores que eram, opuseram-se. Disseram-lhe que mais tarde poderia pensar nisso. Tentou outra vez, aos doze anos, por ocasião de uma missão redentorista no povoado. E, outra vez, a resposta foi não.

Entretanto o chamado fazia-se permanentemente presente em seu coração. Mesmo vendo o tempo passar e não sendo possível estudar, mantinha-se preso a essa ideia. O que não tinha lugar em seu coração eram as coisas do mundo, suas pompas e vaidades. Passava os domingos em casa, rezando e lendo livros de espiritualidade. Ao pai e aos irmãos, quando lhe diziam que não se interessava por nada, respondia: “Que interesse vou ter nestas coisas, sabendo que um dia terei de deixá-las?”

Nesse ínterim, seu irmão saiu de casa para servir no exército do Rei. Seu pai chamou-o de lado e apressou-se a dizer a Bernardo que, enquanto não voltasse seu irmão, dali a três anos, não poderia pensar em convento. O pior, advertiu que, quando o irmão voltasse, seria a vez de ele servir. E começou, desde então, a pedir com insistência à Virgem do Perpétuo Socorro que o livrasse disso. A Virgem atendeu-o.

Por fim, com mediação de sua irmã, que morava em Vitória e se prontificou a falar com os padres do El Espino, Bernardo pôde realizar o sonho de sua vida: deixar o mundo e entrar no convento.

Começou o noviciado já não sendo mais Bernardo, e sim Gabriel, e, com esse nome, professou em 13 de novembro de 1920, aos vinte e quatro anos de idade e quase o mesmo tanto de luta para seguir sua vocação.

Desde que entrou, seu ofício foi o de cozinheiro. Para tanto, frequentou durante uma temporada um curso ministrado no palácio da Nunciatura. Um Irmão que conviveu com ele escreveu a seu respeito: “Era piedoso e trabalhador; não me recordo de que alguma vez se tenha negado a prestar ajuda aos demais; era visto com frequência fazendo visita ao Santíssimo Sacramento. Homem de coração sensível, isso o fazia sofrer muito quando tinha qualquer atrito com alguém, e não descansava enquanto não conseguia desfazer qualquer mal feito; mais de uma vez pediu desculpas de joelhos se em algo tinha falhado...”

Quando começaram a chegar notícias da perseguição religiosa desencadeada na Espanha, dizia, com admirável tranquilidade, às senhoras de uma casa para onde levou os objetos sacros da Comunidade e da Basílica para livrá-los de roubo e profanação: “Se ao sair daqui me prenderem e me derem um tiro ou me matarem de outra forma qualquer, não me importa nada. Que há melhor que morrer mártir e ir direto para o céu?”

Logo depois, haveria de se cumprir seu desejo. Estava para completar quarenta anos.

23

IR. PASCUAL ERVITI INSAUSTI

Espanha, 1902-1936

"Quis ser jesuíta... ficou redentorista"

José Erviti Insausti – esse era seu nome de batismo, que na vida religiosa será mudado para Pascual – nasceu em Echalecu, Navarra, no dia 11 de novembro de 1902. Foi o undécimo em uma família de doze filhos. Seus pais chamavam-se Francisco e Micaela.

Aos sete anos ficou sem a mãe. Mas, mesmo pequeno assim, já havia recebido dela o ensinamento das verdades do catecismo e de sólida piedade.

Desde muito jovem, perseguia-o a ideia de tornar-se padre. Seu pai, no entanto, era contra. Vendo que seus desejos pareciam irrealizáveis, sua vocação foi esfriando. Quando, aos dezesseis anos, seu pai lhe propôs estudar para padre, José não quis, o que era natural, pois, com essa idade, só tinha a escola primária. Aos dezoito anos, voltaram-lhe os bons desejos: agora queria ser missionário. Mas nem ele mesmo sabia dizer se aquilo era vocação ou ilusão.

A verdade é que, com dezoito anos, teve de fazer o serviço militar. Foi para Pamplona e soube comportar-se na cidade. Basta dizer que ia à missa quase diariamente. No dia do sorteio para ver quem iria para a frente militar, confessou-se e comungou, pedindo a Deus que o livrasse dos inimigos da guerra, ou seja, dos mouros.

Ficou livre, mas teve de servir três meses no quartel. Também lá, embora deixasse esmorecer a piedade, foi um moço exemplar. Seus companheiros deram testemunho disso: prestativo, atencioso com todos, honrado, sempre disposto a fazer o bem. Uma vez, em uma festa, quis dançar, mas, meio desengonçado, o que conseguiu foi só provocar risos entre os colegas. Nunca mais pensou nisso.

Terminado o serviço militar, sentiu de novo o chamado de Deus e, para acabar com as dúvidas, decidiu fazer os exercícios espirituais de Santo Inácio, que duraram de 21 até 27 de fevereiro de 1926. Não saiu totalmente convencido. Voltou aos trabalhos do campo. Enquanto pastoreava, caçava também; isso era algo de que gostava muito. Na solidão dos montes, meditava. De que lhe valeriam as vaidades do mundo? "Dias virão – dizia para si mesmo – em que passarão bandos e mais bandos de pombos, mas eu já estarei morto... Para que me servirá então tudo o que terei desfrutado? Para nada!"

Indeciso ainda, fez novamente, um ano depois dos primeiros, os exercícios espirituais de Santo Inácio. Saiu decidido. Pensou fazer-se jesuíta, mas o pároco o encaminhou aos redentoristas. E ele lhe obedeceu. Por fim, em 31 de maio de 1928, aos vinte e seis anos de idade, dias depois da morte de seu pai, entrou no convento redentorista de Pamplona. Ficou ali quinze dias, e logo os Superiores o mandaram para o El Espino.

Do El Espino foi mandado para Nava del Rey, em 31 de dezembro de 1928, para fazer o Noviciado. Em 23 de fevereiro de 1929, recebeu o hábito, e exatamente um ano depois, em 23 de fevereiro de 1930, professou na Congregação. Estava com quase vinte e oito anos.

No primeiro dia de março, já estava em Astorga, destinado a cuidar da horta, o que aceitou, não só com humildade, mas também com alegria. Ir. Batista, solicitado mais tarde a dar um testemunho dele, disse: "Era um santo!" E seu Mestre de Noviciado assim escreveu em sua ficha: "Muito prudente, sério e piedoso. Era um santo. De grande espiritualidade, consciencioso e de absoluta confiança".

De hortelão passou a cozinheiro. Continuou afável no trato com todos, sempre bem humorado e disposto a qualquer serviço. Passou em Astorga quatro de seus seis anos de vida religiosa. Estava muito feliz ali, mas, em 22 dezembro de 1934, foi transferido para Madri. Eram os primeiros passos na caminhada para o martírio.

A partir daqui a história do Ir. Pascual coincide, quase que em tudo, com a do Padre Urruchi, como já foi narrado. Eis, em poucas palavras, os detalhes diferentes.

O que primeiro se pode dizer é que, estando há tão pouco tempo em Madri, pouco mais de um ano e meio, e desempenhando trabalhos humildes e escondidos, é estranho que fosse conhecido e procurado pelos perseguidores, como o deram a entender ao encontrá-lo na Comunidade do Perpétuo Socorro: "Estávamos procurando este pássaro – disseram os milicianos – e não nos podia escapar". Aliás, como registram as crônicas, teve de sair da casa anterior, porque andavam o procurando pessoalmente. Isso era como levar consigo a sentença de morte.

A impressão que deixou em todas as casas em que se abrigou é a mesma: intensa vida de piedade e absoluto acatamento dos desígnios de Deus sobre sua morte. Passava os dias rezando e quase sempre de joelhos, em atitude de silêncio, e sempre sorrindo. Confirmando tudo isso, há o testemunho por escrito de dona Conceição sobre Pe. Urruchi e o Ir. Pascual: "Eram vistos sempre contentes e dando-nos exemplos de humildade, paciência e conformidade, assim como de mortificação na comida; mas, como devo dizer a verdade, tudo isso eu o vi mais marcante no irmão".

24

IR. NICESIO PÉREZ DEL PALOMAR

Espanha, 1859-1936

É preciso começar dizendo que, devido a sua idade, irmão Nicesio é a vítima mais venerável entre os redentoristas mortos na perseguição espanhola. Nascido em Tuesta, província de Álava, em 2 de abril de 1859, tinha setenta e sete anos quando foi levado à morte.

Praticamente nada se sabe de sua infância e juventude. Antes de entrar como postulante na Comunidade de Astorga, aos vinte e quatro anos de idade, foi soldado na guerra carlista. Em dezembro de 1884, ajudou nas obras de Nava del Rey; em 13 de julho de 1885, foi para o El Espino, onde fez seu noviciado e, em 30 de março de 1891, sua profissão religiosa.

A maior parte de sua longa vida passou-a nas casas de formação de El Espino, Astorga e Nava del Rey. Às vezes, ajudando nas obras dessas casas, que pareciam nunca terminar; outras atuando como hortelão com a competência de um profissional do campo. Tanto que, em vista da capacidade que demonstrava nas atividades agropecuárias, o Visitador, Pe. Desnoulet, mandou-o estudar o ofício na casa de Contamine, na Província redentorista francesa. Lá permaneceu dois anos.

Voltou mais habilitado ainda nessa área e era frequentemente requisitado para orientar essas atividades em diversas casas. Era também hábil carpinteiro e mestre de obras, motivo pelo qual tinha sempre de deixar os trabalhos do campo, porque sua presença era solicitada nas obras ou reformas de casas e em quase todas as novas fundações.

Na construção da igreja redentorista de Santander, aconteceu um grave acidente. Quando Ir. Nicesio e outros trabalhadores montavam o madeiramento do telhado, a uma altura de quinze metros, os andaimes cederam ao peso das enormes vigas, e tudo foi ao chão: andaimes, vigas, outros materiais e todos os trabalhadores, entre eles Ir. Nicesio. Acorreram muitos em auxílio dos acidentados. Ao chegarem ao Ir. Nicesio, retiraram-no para um lado e o deixaram, dando-o como morto, para correrem em socorro dos que ainda estavam vivos. Depois de atendidos os feridos, voltaram para retirar os mortos. Foi quando notaram que o irmão ainda dava sinais de vida. Estava com muitos ferimentos graves e todo ensanguentado. Extraída uma lasca de madeira que lhe havia entrado no pescoço e feitos outros curativos, o forte Ir. Nicesio foi recobrando a vida, e, em pouco tempo, não lhe restava outra marca do acidente senão a triste lembrança daquele trágico dia.

Ir. Nicesio distinguiu-se por seu temperamento austero, seu caráter íntegro, mas um pouco rude, e por invioláveis princípios ascéticos. Tinha grande amor ao trabalho e à oração, e profundo sentido sobrenatural da vida. Era homem de forte compleição, tanto física quanto moral.

Foi martirizado juntamente com irmão Gregório, provavelmente na madrugada da festa da Assunção, no dia 15 de agosto de 1936, como veremos a seguir.

25

IR. GREGÓRIO ZUGASTI FERNÁNDEZ

Espanha, 1884-1936

Murilo de Yerri, minúsculo vilarejo distante 6 km da progressiva e histórica cidade de Estrela, na província de Navarra, foi onde nasceu Gregório. Por ter apenas treze casas, era possível guardar de memória o nome de toda a população de Murilo de Yerri.

Em Murilo, vive-se bem em todos os sentidos. Povo muito religioso e próspero, que colhe grande quantidade de uvas viníferas e de cereais, cujas vendas estão bem organizadas pelas cooperativas ali existentes.

Gregório nasceu em 12 de março de1884. Seus pais, Patrício Zugasti e Petra Fernández de Esquide, eram, como toda a população do vilarejo, profundamente religiosos e, desde muito cedo, incutiram no menino sólidos fundamentos de religião, que haveriam de ser para sempre normas de sua vida.

Fisicamente, Gregório foi se desenvolvendo de tal forma que, desde pequeno, já deixava ver a compleição hercúlea que ostentaria quando homem feito. Isso, aliás, era de família. Seu irmão Julián, que também entrou para a Congregação com o nome de Ir. Filipe, era ainda mais forte que ele. A par disso, Gregório era verdadeiro exemplo de seriedade e vida sadia.

Em uma linguagem tão sincera quanto pura e cheia de frescor, conta-nos sua irmã Leandra: "Ia a Ugarte em um domingo para comungar e, no seguinte, a Rocamador de Estela, de onde trouxe, uma vez, de uma tia, o Ano Santo, ou seja: uma coleção de doze livros, cada um para um mês, e passava muito tempo lendo-os. Tínhamos um professor que não servia para nada, então Gregório nos ensinava tudo da escola, dava-nos prêmios aos domingos por sabermos as lições, e tinha jogos e baralho para os dias de festa.

Ele estava sempre em casa. Na Quinta-feira Santa, desde que morria o Senhor* até a ressurreição, ficava a pão e água, e as sextas-feiras dizia que eram dias de penitência. Quando foi para ser Irmão, dizia que sua maior glória seria morrer mártir. Tenho dois retratos dele. E, sempre que os vejo, mais alegria sinto porque nos espera no outro mundo com algum lugar para nós".

Segundo a crônica da casa, Gregório chegou a Astorga, em 28 de dezembro de 1906. Como postulante, lá esteve durante dois anos, findos os quais, transferiu-se para o El Espino para fazer o noviciado sob a direção do santo homem de Deus, Pe. José Chavatte. Em 25 de dezembro de 1912, emitiu os votos como religioso.

Todos os que com ele conviveram afirmam que era um Irmão piedoso, caritativo, trabalhador, obediente e mortificado. Por sua grande prudência e competência em negócios, ganhou a estima de todos e a confiança de seus superiores. Durante uns dez anos, trabalhou com abnegação na Administração e no Editorial da revista El Perpetuo Socorro. Nesse posto, surpreendeu-o a revolução em 1936.

Era atencioso com todos e muito prestativo nas múltiplas tarefas que envolvem um editorial e sua administração. Devido a esse cargo, eram incontáveis as pessoas que conhecia em Madri, o que, naqueles dias perigosos, podia ser uma vantagem ou um perigo: ou salvar-se, pelos muitos amigos que lhe ofereciam abrigo, ou perder-se exatamente por ser por demais conhecido.

Ele optou por correr perigo, não por vã temeridade, mas porque, desde que teve de abandonar o convento, encarregou-se de cuidar do Ir. Nicesio, já meio cego. Isso, é claro, limitou ao extremo sua liberdade de ir e vir. Aceitou resignadamente o fato de, precisamente quando mais lhe poderiam valer seus conhecimentos de toda a cidade, ter de a isso renunciar para estar ao lado do Irmão que necessitava de sua ajuda. A partir de então, Ir. Gregório e Ir. Nicesio estarão unidos até a morte.

IRMÃOS NICESIO E GREGÓRIO "DOIS IRMÃOS A CAMINHO DO MARTÍRIO"

Quando estourou a guerra, fazia apenas dois anos que irmão Nicesio havia chegado a Madri. E, nesses dois anos, com a humildade que lhe era característica, exerceu o cargo de hortelão. Pouco saía do convento, pouca gente conhecia.

Juntos, Ir. Gregório e Ir. Nicesio, no dia 20 de julho, abandonaram o convento e abrigaram-se na casa de dona Trinidad Bru, viúva e mãe de Pe. Lino, que era diocesano, amicíssimo dos redentoristas e só não entrou na Congregação por ser filho único e ter de cuidar da mãe. Morreu, também como mártir, sem realizar seu sonho.

Ali viveram em paz, desfrutando do ambiente de carinho daquela família, até 27 de julho, dia em que o porteiro do prédio, acompanhado de um motorista, bateu à porta de dona Trinidad intimando-a, de forma autoritária, a tirar do prédio os dois religiosos. A bondosa mulher pedia-lhe educadamente, mas com insistência, que lhe desse mais algum tempo para conseguir outro lugar para abrigar seus hóspedes. O porteiro, no entanto, que não entendia de delicadezas, e com ameaças, manteve sua ordem.

Pe. Lino, exibindo todo o porte de atleta que Deus lhe dera, saiu à porta e, com voz firme, replicou ao porteiro: "Pois eu lhe asseguro que, com grosserias assim, não sairão senão por cima de meu cadáver". O porteiro retirou-se sem dizer uma palavra. Poucos dias depois, o corajoso Pe. Lino, grande como um gigante, mas ingênuo como uma criança, caiu varado por balas enquanto caminhava pela calçada.

Com uma documentação falsa que conseguiram para o Ir. Gregório, ele e Irmão Nicesio saíram da casa de dona Trinidad e, com todo o cuidado, dirigiram-se a uma pensão na rua Pelayo. A proprietária da pensão preencheu a ficha de hóspedes e pediu ao Ir. Gregório que assinasse. Mas aquele Ir. Gregório, que em seu contato com o mundo tanto aprendera, não havia aprendido a dissimular. Declarou que aquela cédula de identidade não era sua. Diante disso, é claro, não puderam ser aceitos na pensão. Estavam, literalmente, na rua.

Recomendados pela senhorita Maria Ruiz, apresentaram-se ao Comissariado de Chambery. O Comissário, porém, dizendo-lhes que ali a vigilância dos milicianos era implacável e que, se os acolhesse, colocar-se-ia em risco e a todos os demais que ali trabalhavam, lamentou nada poder fazer. Apenas permitiu que ficassem em um banco ao canto da sala, até que caísse a noite e se dispersassem as turbas e os milicianos que rondavam pela rua. Ali ficaram até a meia-noite.

Quando viram a rua livre de inimigos, saíram e dirigiram-se à rua Arrando, que o Ir. Gregório conhecia muito bem, pois trabalhara bom tempo em um imóvel ali, reformando um sótão para transformá-lo em depósito do Editorial El Perpétuo Socorro. Esconderam-se ali por vários dias, enquanto durou o estoque de alimentos que tinham. E, quando ficaram sem comer praticamente nada por dois dias, foram socorridos por Maria Ruiz e Pepita Moreno.

Pepita, que tanto se desvelou por vários redentoristas, visitava-os e levava-lhes alimentos, ao mesmo tempo que procurava outro abrigo para eles. Mas foi Maria Ruiz quem acabou conseguindo a casa da família Quintanilla, na rua Covarrubias, a mesma rua do Editorial El Perpétuo Socorro. Como ninguém os viu entrar, tiveram mais alguns dias de paz.

Paz que durou pouco. No dia 14 de agosto, véspera da festa da Assunção, lá pelas duas da tarde, chegaram dois milicianos e levaram os Irmãos. Não respeitaram nem a idade nem a doença do Ir. Nicesio, que se achava de cama. Ao que tudo indica, ou foi o porteiro do prédio ou sua filha – "uma criatura perversa" –, como a classifica Pe. Ibarrola, quem os denunciou.

Não se sabe quanto tempo ficaram no palácio de Valdeiglesias, transformado em casa de detenção para interrogatório e tortura, para onde os levaram. O mais provável é que tenham sido mortos na madrugada da festa da Assunção, no dia 15 de agosto de 1936.

Do Ir. Nicesio contam que, com doçura na voz, disse ao chefe do pelotão: "E você se atreve a matar um velho, que pode ser seu pai e até seu avô?" E deu-lhe um abraço. De um soldado, testemunha da execução, contam que saiu exclamando: "Que energia tem esse velho!" O primeiro a tombar foi Ir. Gregório. Quando chegaram ao Ir. Nicesio, pediu-lhes que o deixassem rezar uma oração. E, feita a oração, falou: "Agora podem disparar". E eles dispararam. Em seguida, apenas juntaram os dois cadáveres e os abandonaram.

Quão maravilhosa se tornou essa estreita união, amarrada pela caridade! Esse é, seguramente, um dos mais belos feitos da história dos mártires redentoristas da Espanha.

26

IR. ANICETO LIZASOAIN LIZASO

Espanha, 1877-1936

"Mártir no coração e no corpo"

Aniceto nasceu em Iruñeta, Navarra, aos 16 de abril de 1877. Tinha aproximadamente doze anos quando ingressou no seminário menor redentorista de El Espino, com o desejo de ser padre. O pouco que se sabe desses doze anos anteriores a sua entrada no seminário é o que o pároco de Iruñeta conseguiu colher dos colegas de Aniceto ainda vivos em 1944, quando Pe. Lucas Pérez escreveu-lhe pedindo informações sobre a infância de nosso mártir: "Era um bom menino, obediente, piedoso, respeitoso com seus pais e os mais idosos, bom companheiro nos jogos, que eram sempre decentes, e sempre demonstrou muita vocação ao estado religioso".

Podemos dizer que o Ir. Aniceto foi o irmão dos dois martírios: o do coração e o do corpo. O primeiro foi devido ao fato de, ao iniciar os estudos com o ardente desejo de ser sacerdote, ter sido chamado a desistir já muito próximo de alcançar a meta.

Fez a profissão religiosa como clérigo, em 15 de outubro de 1896. Em seguida, foi para Astorga e iniciou os estudos maiores; cursou toda a filosofia e grande parte da teologia. Já bem próximo de conseguir seu sonho, veio a decepção: os superiores comunicaram-lhe que "por debilidade de cabeça" não podia receber as ordens maiores. Davam-lhe a opção de voltar para o mundo ou ser Irmão coadjutor, se quisesse permanecer na Congregação.

Em 20 de março de 1903, chegou a Nava del Rey. Em sua boa vontade de aceitar o que, humanamente falando, era um rebaixamento, descontrolou-se seu sistema nervoso. Temendo que a coisa piorasse, mandaram-no, para uma temporada de descanso, a um povoado onde seu irmão era pároco. Partiu em maio. Quando voltou em outubro, notaram que estava bem mais tranquilo e, assim, podia continuar como irmão coadjutor.

O impacto, entretanto, foi tão violento que o acompanhou vida afora pelos trinta e três anos que ainda havia de viver. Ou seja, o martírio do coração só o deixou quando as balas de um fuzil lhe deram o martírio de sangue. O segundo!

Nas diversas comunidades por onde passou, prestou excelentes serviços, pois era homem seguro, fiel, de boa índole, muito piedoso e interessava-se por tudo o que, de alguma forma, dizia respeito à Congregação. Mesmo se tendo como certo que, por amor à vocação, se resignou à decisão dos superiores, a ideia e o desejo de chegar ao sacerdócio nunca o abandonaram. Os superiores não cederam, porque o problema não havia sido levantado por eles, mas diagnosticado por médicos.

Desde que saiu de Astorga, a Comunidade em que mais tempo residiu foi a do Perpétuo Socorro, em Madri. Em 1923 foi a última vez que para ali foi destinado. E lá ficou até a morte. Sempre em constante atividade, boa vontade em tudo o que fazia, temperamento espontâneo e até alvoroçado em dados momentos, comunicativo e social, passava com facilidade da simplicidade à ingenuidade: assim era irmão Aniceto.

Quando teve de deixar o convento, devido aos distúrbios provocados pela revolução, Ir. Aniceto passou as primeiras semanas na casa de dona Emília Alcázar. Segundo o testemunho de dona Emília, levava uma vida profundamente edificante, entregue à oração e à leitura de livros piedosos, sobretudo Prática do amor a Jesus Cristo, de Santo Afonso. Dedicou-se também a escrever suas memórias. Foram vinte ou mais as vezes em que essa casa foi objeto de vistoria durante os três anos que durou a guerra em Madri. Mais que compreensível, então, que se procurasse lugar mais seguro para ele.

Essas repetidas buscas e, por fim, a ordem dos superiores convenceram-no a abandonar aquele abrigo e ir para a pensão de dona Maria Membiela, pessoa muito ligada aos redentoristas. Logo que ali chegou, entretanto, a pensão começou a ser alvo de constantes buscas. Ir. Aniceto passou então para uma casa vizinha, propriedade de uma russa, julgando que isso afastaria as vistorias. Mas foi justamente ela quem o entregou nas mãos dos milicianos. Passando eles pela rua, disse-lhes: "Tenho aqui um hóspede que 'essas' me entregaram, e deve ser um frade". "Essas" eram dona Membiela e sua sobrinha Arsênia.

Imediatamente, os milicianos entraram e deram ordem de prisão ao Irmão, que, entretanto, lhes pediu que permitissem que fosse ao banheiro. Fez isso com a intenção de rasgar seu diário, pois podia comprometê-lo. Diante da longa demora do irmão e ouvindo o barulho de papéis que se rasgavam, os milicianos arrombaram a porta e arrancaram das mãos do religioso algumas folhas de papel ainda inteiras, o suficiente para incriminá-lo. Entre elas, uma carta que guardava com muito apreço dirigida a ele pelo secretário de Afonso XIII.

Dessa casa levaram duas vítimas, pois juntamente com Ir. Aniceto detiveram um cordemariano, o Pe. Portero. Dom Enrique Castillo, da sacada da pensão de dona Membiela, viu quando jogaram o Irmão no carro, em mangas de camisa e com as mãos atadas atrás. Pouco tempo depois, voltaram e D. Enrique ouviu-os dizer que já o haviam liquidado e tirado dele três mil pesetas que levava no bolso. Foi quando levaram presas também dona Membiela e sua sobrinha. Elas foram submetidas a vários interrogatórios e ameaçadas de seguir a mesma sorte dos religiosos. Nesse ínterim, a pensão ficou aos cuidados de outro redentorista, o Pe. Eudaldo Sáenz, que ali estava hospedado e se fazia passar por sobrinho da proprietária. Teve arte para dissimular sua condição e não ser descoberto pelo faro dos "caçadores" da Frente Popular.

Não foi possível precisar a data de morte do Ir. Aniceto. Juntando-se todos os dados levantados, pode-se dizer, com bastante segurança, que foi entre os dias 17 e 18 de agosto de 1936.

Ir. Aniceto manteve-se otimista até o fim. Aos que o visitavam nos últimos dias dizia: “Estou bem, já ofereci minha vida a Jesus Cristo”.

27

IR. MÁXIMO (RAFAEL) PEREA PINEDO

Espanha, 1903-1936

"Queria ser padre. Foi irmão coadjutor"

Eis outra história de vocação sacerdotal frustrada, embora não tão dolorosa quanto a do Ir. Aniceto.

Ir. Máximo – nome de religioso, pois na pia batismal recebeu o nome de Rafael – nasceu em 24 de outubro de 1903, em um lugarejo que nem escola havia, chamado Múrita, na província de Burgos.

Seus pais, Sandallo e Saturnina, cristãos fervorosos, deram-lhe piedosa formação religiosa. Desde cedo, Rafael ajudava na missa. Dos nove aos doze anos, morou com seus tios em outro povoado para poder ir à escola. Como em seu povoado era sempre ele o coroinha, a ninguém cedia o posto.

Tempos depois de retornar a Múrita, dois missionários redentoristas pregaram missão em um povoado vizinho. Pe. Aniceto, bom caçador de vocações, convidou-o a ir com eles. Jogou como isca o fato de Rafael já ter no seminário um irmão, Eduardo, e um primo, Daniel. Desde então, isso não lhe saiu da cabeça, até que lhe escreveram do El Espino para que se apresentasse. E, no dia 13 de setembro de 1915, não cabendo em si de alegria, ingressou no Colégio Nossa Senhora del Espino.

Começou os estudos com entusiasmo, mas também com muitas dificuldades: talento escasso e, além disso, curteza de vista. A alegria e o entusiasmo deram lugar à tristeza quando, três anos depois, teve de voltar à casa paterna porque não conseguia levar avante os estudos.

Novamente em Múrita, já não seria coroinha; subiu ao posto de sacristão, que desempenhou com competência durante um ano. Deixou Múrita e seguiu para Valladolid, com os Irmãos Lasallistas, para terminar o colegial. Esses encantaram-se com o menino e tentaram atraí-lo para ser um deles. Inseguro, Rafael respondeu com evasivas e disse que mais tarde pensaria no assunto.

Chegou, então, o dia da grande alegria da família: a ordenação sacerdotal de Eduardo. Rafael recebeu o convite para a ordenação e para a primeira missa. E, no encontro dos dois irmãos, entre eles ficou acordado um novo passo, que ia ser definitivo na vida de Rafael: ele entraria para a Congregação Redentorista como irmão coadjutor, já que não podia ser padre.

Voltou ao colégio Lasalle, em Valladolid, e, logo em seguida, chegou-lhe a carta de Eduardo comunicando que já estava tudo acertado para sua ida a Nava del Rey. No dia 15 de abril de 1921, deu início a seu Noviciado. Menos de um ano depois, em 26 de fevereiro de 1922, vestiu o hábito redentorista, com o firme propósito de não o deixar nunca e ser fiel a sua vocação até a morte. Rezava assim a Nossa Senhora todos os dias: "Maria, minha mãe, dizei a vosso Filho Jesus que me castigue como quiser por meus pecados, contanto que me deixe este santo hábito até a morte".

Feita a profissão religiosa em 17 de fevereiro de 1923, viveu vários anos nas comunidades de Astorga e El Espino, desempenhando os ofícios de sacristão, porteiro, ecônomo e cozinheiro, sempre com boa vontade e o rosto iluminado por um sorriso que nunca o abandonava. Estava em Astorga em 1933 quando foi transferido para a Comunidade do Perpétuo Socorro, em Madri.

Ir. Máximo demorou a cair nas mãos da Frente Popular. Como os demais da Comunidade, deixou o convento, na noite de 20 de julho de 1936, e hospedou-se, com Pe. José Maria Urruchi, na casa do senhor Roberto González Nandín. Alguns dias depois, teve de trocar de casa com o Ir. Pascual, passando a morar onde este morava, ou seja, na casa de dona Emília Alcázar. Mais alguns dias e foi obrigado a sair também dessa casa e transferir-se para a residência dos Montenegro, onde já se achava escondido Pe. José Morán Pan.

Muito corajoso, aventurava-se a sair à rua por qualquer necessidade. Em uma dessas foi detido, mas solto logo em seguida. Não passou de um susto que serviu para lhe botar um pouco de medo.

Passou um segundo susto na noite em que houve uma vistoria na casa dos Montenegro. A família mandou que seus hóspedes fossem imediatamente para o quarto e se metessem na cama. Um filho do senhor Montenegro, que acompanhava os milicianos na vistoria, disse-lhes com naturalidade que aquele era o quarto de seus tios. Os milicianos só entreabriram a porta, deram rápida olhada pelo quarto e se foram. Mais um susto que fez Ir. Máximo se tornar um pouco mais prudente.

Dias depois, o porteiro da casa, de repente, entrou esbaforido contando ter acabado de dissuadir a dois foragidos que, acercando--se da porta, gritavam que ali havia dois jesuítas escondidos. O bom porteiro conseguiu afastá-los apostando sua cabeça que isso não era verdade. Esse incidente foi a gota d'água que faltava para que todos da casa, hospedeiros e hóspedes, convencessem-se de que ali já não havia segurança.

E saíram os dois, cada um para um lado. Antes de sair, Pe. Morán deu ao irmão um documento de um parente seu, que lhe poderia valer em algum apuro. Pe. Morán conseguiu salvar-se. Já o irmão foi detido naquele mesmo dia. De nada lhe valeu o documento. Os milicianos levaram-no até um muro e, mandando que se colocasse de costas, deram alguns passos para trás para disparar sobre a vítima. Sentiu que havia chegado sua hora. Preparou-se para morrer. Mas os segundos foram passando e... nada de tiros. As vozes também sumiram. Atreveu-se a olhar para trás e não viu mais ninguém. Os milicianos haviam desaparecido. Ir. Máximo saiu em louca disparada, mas... infelizmente não tinha para onde ir.

Ocorreu-lhe, então, telefonar para a leiteria do senhor João Redondo, que diariamente entregava leite na Comunidade do Perpétuo Socorro. Atendeu-o a filha do senhor João. Como o Irmão conhecia muito pouco Madri, ela explicou-lhe todo o trajeto que devia fazer, e ele, com muito custo, conseguiu chegar. Entrou pelos fundos, como lhe pedira a moça. E, finalmente, começaram ali alguns dias de sossego para ele. Já não era, porém, o mesmo Ir. Máximo corajoso. O medo de que o pior estava para acontecer instalou-se em seu coração. Era começo de agosto.

Sossego, que sossego? Ele não fora feito para o Ir. Máximo. Logo depois que ali havia chegado, o senhor João Redondo adoeceu, vindo a falecer, em 17 de agosto. Imagine-se a aflição dos que estavam na casa vendo que ela se enchia de parentes e conhecidos, que vinham para o velório. Nem todos, certamente, seriam a favor dos nacionalistas. Entre eles seria possível haver algum "amigo" dos frente-populistas. Mais que depressa, Germana, uma das filhas de João, decidida e engenhosa, mandou que Ir. Máximo e Pe. Câmara, outro que ali havia chegado dia 14, trancassem-se em um quarto. Abasteceu-os com uma provisão de comida, pegou uma pequena escada e, colocando-a em frente da porta, sentou-se em um de seus degraus e dali não arredou pé durante as 24 horas do velório. A quem estranhava sua atitude dizia que era porque não havia mais cadeiras na casa e que gostava de se sentar na escada.

No dia 24 de setembro, mais uma transferência, dessa vez feita para a pensão de Frederico García, situada na parte baixa de Madri. Tanto pela bondade dos proprietários da pensão quanto por sua localização, uma vez que nos arredores ninguém conhecia o Irmão, essa transferência pareceu acertada. Rosário, irmã de Germana, visitava-o com frequência e era quem pagava a pensão, com o dinheiro que lhe havia deixado Pe. Câmara. Pensou ele que, no caso de alguma vistoria repentina, era mais seguro o dinheiro estar com ela do que com o irmão. Ledo engano. Denunciada como refúgio de frades, a leiteria foi vistoriada, roubaram o dinheiro de Rosário e prenderam-na.

Em carta de 20 de janeiro de 1953, Frederico García informou o seguinte ao Pe. Colmenares, responsável por levantar dados sobre os mártires: 1. o irmão usou na pensão o nome de Rafael Morán, um parente do Pe. Morán Pan; 2. no dia 2 de novembro, às duas da madrugada, houve uma vistoria na pensão e levaram o Irmão, e nunca mais se teve notícia dele; 3. com ele levaram também um rapaz, cujo nome era Angel Bellot e que voltou às quatro da madrugada; 4. isso tinha sido presenciado por duas Irmãs de Caridade, que também se hospedavam ali; 5. o irmão havia sido denunciado por um guarda.

Esse guarda era, provavelmente, um vizinho da pensão que, da janela de sua casa, podia observar o que nela se passava. Notando que Ir. Máximo e Angel nunca saíam à rua, suspeitou de algo e os denunciou como fascistas.

Nada mais foi possível averiguar sobre a hora, o local e outros detalhes da morte do Ir. Máximo. Nem nunca se soube do paradeiro de seus restos mortais.

28

MARIA CELESTE CROSTAROSA

Itália, 1696-1755

Maria Celeste (seu nome de família era Julia Crostarosa) nasceu em Nápoles, terra de uma beleza extraordinária e contrastes trágicos. Sua gente é apaixonada como vulcão; alegre como o sol e sonhadora como o mar. O Sol está presente em sua espiritualidade como imagem da vida do Cristo em quem crê e nele vive, e lhe faz dizer: "... outra vez lhe foi dado a entender como Jesus Cristo é nosso sol divino na luz da eterna glória no céu, e como ele é, semelhantemente, o Sol interior da alma justa".

E ainda: "No contemplar o céu e sua amplidão, era-lhe comunicado interiormente pelo Senhor o reconhecimento da imensidão de Deus sem limites em seu ser incriado e eterno". Do sol que surge pela manhã, passa ao Cristo ressuscitado: "Jesus morre para viver ressuscitado em suas criaturas por semelhança e vida da verdadeira VIDA".

Maria Celeste viveu intensamente o plano de salvação. Como mulher, soube superar as dificuldades de seu tempo, e sua obra merece um lugar de relevo na história da espiritualidade cristã. Possuía dotes para o governo, era firme nas decisões, entusiasta no empreendimento de sua obra. Com notável capacidade de análise e síntese, coragem e um ardor que se acentuava mais nas dificuldades e nos obstáculos, encontrava meios geniais para não desistir de realizar o que o Senhor lhe pedia.

Verdadeira mestra da vida espiritual e religiosa. "Exercício" e "Memória" são termos seus, cheios de sabedoria e experiência contemplativa. A "Memória" (pensamento permanentemente em Cristo) sem "Exercícios" (prática evangélica) é vazia, e os "Exercícios" sem "Memória" são infecundos e tornam a vida individual e comunitária artificial e difícil.

A base da vida espiritual ela coloca no conhecimento pleno e experimental do Cristo, não tanto como exemplo de virtudes a praticar, mas como "mistério", isto é, "acontecimento histórico-salvífico" da caridade de Deus. Para ela, pela comunhão de vida pessoal e comunitária com o Cristo, tudo se torna existencialmente "memória" teologal, eclesial, eucarística, salvífica. Todo o Instituto torna-se também, pela vida atuante e transparente, Instituto do Santíssimo Redentor.

MARIA CELESTE, MULHER COM LUZ PRÓPRIA

Maria Celeste nasceu em Nápoles, aos 31 de outubro de 1696. Era a décima de doze filhos de uma família cristã e nobre, de alta magistratura. Eram cinco irmãos e sete irmãs. Seu pai foi o Dr. José Crostarosa; laureado em ambos os direitos e revestido de alto grau de magistratura na capital; sua mãe foi Paula Batista, da nobre família Caldari.

No dia 1º de novembro de 1696, festa de "Todos os Santos", na Igreja Paroquial, foi batizada e recebeu o nome de Giulia Marcela Santa.

Era uma criança normal em suas brincadeiras, na convivência com seus irmãos. Era de natureza tipicamente napolitana: sensível, alegre, viva e de inteligência precoce. Também era atenta às leituras da vida dos Santos, feitas em família.

Aos vinte e um anos de idade, Júlia, juntamente com sua irmã mais velha, Úrsula, entrou no Carmelo de Marigliano, em abril/maio de 1718. Dois anos mais tarde, sua irmã mais jovem, Joana, fez o mesmo. No dia 21 de novembro de 1718, festa da "Apresentação de Maria ao Templo", as duas primeiras receberam o hábito religioso; Júlia passou a chamar-se Ir. Maria Cândida do Céu e, no ano seguinte, fez a Profissão Religiosa.

Deus reservava para Júlia um caminho todo especial. Cada vez mais, Cristo foi conduzindo-a para Ele, no interior de si mesma. Nesse processo evolutivo, descobriu o mistério de Cristo vivendo em sua alma. Pouco tempo depois de sua tomada de hábito, escreveu uma Regra de candura para si mesma, dada pelo Espírito da Verdade. Deus a introduzia na vida espiritual, confiava-lhe suas aspirações divinas e acostumava-a, por sua familiaridade, à vida íntima com Ele.

Assim, certo dia, depois da Santa Comunhão, penetrada pelo Olhar Divino, teve uma grande luz interior, e o Senhor lhe disse: "Quero fazer-te mãe de muitas almas que desejo salvar por teu intermédio".

O Carmelo em que vivia, no entanto, ia desaparecer: sua fundadora – a duquesa de Marigliano – Isabel Mastrilli, tomou tal autoridade sobre o Mosteiro que reduziu as pobres Carmelitas a incríveis tribulações. Foi tal a situação que o Bispo aconselhou que fechasse o Mosteiro e que as religiosas procurassem outro lugar para viver.

As três Irmãs Crostarosa, a conselho do Pe. Thomaz Falcóia, já relacionado com as carmelitas, como pregador de retiro e diretor espiritual, resolveram ingressar no Mosteiro de Scala, que era dirigido por esse religioso.

Em novembro, elas entraram no Mosteiro de Scala; quinze dias depois, receberam o hábito de Visitandinas. Júlia recebeu o nome de Ir. Maria Celeste do Santo Deserto.

ORDEM DO SANTÍSSIMO REDENTOR

Madre Maria Celeste Crostarosa, mulher de cabeça e coração, sobretudo mística, foi a escolhida por Deus para dar ao mundo essa nova família religiosa.

Em 25 de abril de 1725, Ir. Maria Celeste, sendo ainda noviça, no silêncio da oração, percebeu, como experiência forte de fé, que Deus desejava uma nova família religiosa na Igreja, que fizesse presente no meio da humanidade a expressão do Amor que Ele tem por seus filhos. Compreendeu que um novo Instituto seria fundado por seu intermédio e que as Regras e leis que nele se deviam observar seriam uma imitação de Jesus. Ele devia ser a Pedra Fundamental; os conselhos evangélicos de Sua Divina Doutrina seriam o cimento; o coração dela devia ser a terra em que se elevaria esse edifício; e o Divino Pai seria o obreiro.

Maria Celeste, fazendo-se eco à voz que, com clareza, percebeu em seu interior, revelou-nos o porquê desse projeto religioso: "O Pai escolheu este Instituto para que seja para o mundo recordação viva de tudo que seu filho Unigênito operou para sua salvação". Era o que, em sua regra, denominou "O Desígnio do Pai Eterno".

Sem perder tempo, Irmã Maria Celeste escreveu as Regras como Nosso Senhor colocou em seu coração. Pe. Falcóia examinou o manuscrito das Regras e, sem perda de tempo, comunicou que iria a Scala examinar o caso.

Enquanto as religiosas de Scala e o Pe. Falcóia lutavam com as dificuldades, Nápoles edificava-se com a admirável piedade de um jovem sacerdote, que vivia dentro de seus muros. Todos repetiam a história desse advogado que renunciara ao fórum para se retirar ao seminário dos chineses. Era ele Afonso Maria de Ligório, que, em 21 de dezembro de 1726, fora ordenado sacerdote.

Pe. Falcóia frequentava o Colégio Santa Cecília. Foi aí que conheceu Pe. Afonso. Homem experiente e perspicaz, descobriu logo no jovem sacerdote um desses homens que o Divino Mestre acumula dos dons da graça, porque os destina para grandes coisas.

Dada a consagração Episcopal de Pe. Falcóia, sua estadia se prolongaria; por isso resolveu enviar a Scala seu amigo Afonso de Ligório, como Confessor e Pregador dos exercícios espirituais. As Religiosas poderiam dirigir-se a ele com inteira liberdade e confiança.

Pe. Afonso aceitou o encargo e dirigiu-se ao Mosteiro, em setembro de 1730. Essa foi a primeira e decisiva entrevista de Afonso com Maria Celeste. Ela nada ocultou, e Santo Afonso compreendeu essa alma e os desígnios de Deus sobre ela.

Ali em Scala, cada um em seu momento, descobriu a vocação à qual eram chamados: dar à Igreja uma família religiosa que, seguindo o Redentor, se convertesse em Memória Viva de sua vida e sua obra durante os anos em que peregrinou pelos caminhos do mundo.

Maria Celeste, assessorada por Santo Afonso, deu forma a uma comunidade que se esforçava para viver plenamente o Evangelho de Cristo em todas as dimensões de sua vida humana e religiosa, para ser na Igreja e no mundo um testemunho visível e um memorial vivo do Mistério Pascal da Redenção, no qual o Pai realizou seu desígnio de amor pelo Cristo e no Espírito Santo.

Terminado o exame da proposta de Maria Celeste, Santo Afonso declarou que a obra era de Deus. Com a graça do Senhor, em 13 de maio de 1731, dia de Pentecostes, deu-se finalmente princípio ao novo Instituto, com o nome de "Ordem do Santíssimo Salvador". E aos 6 de agosto, festa da "Transfiguração do Senhor" do mesmo ano de 1731, as irmãs receberam o Hábito da ordem.

Paralelamente à Ordem, Santo Afonso fundou, em 1732, a Congregação do Santíssimo Redentor para os homens, os missionários. Por suas origens, por seu nome e sua espiritualidade, a Ordem do Santíssimo Redentor está ligada à Congregação do SS. Redentor. Os Institutos foram chamados a realizar um fim comum de maneira complementar. Ambos têm por missão serem testemunhas fiéis do amor do Pai e continuar assim, com a graça do Espírito Santo, o Mistério do Cristo Jesus, nascido da Virgem Maria, para a salvação da humanidade.

Como Jesus, a vida de Maria Celeste foi sempre cheia de sofrimentos e dificuldades. Por dificuldades com o bispo Falcóia e a comunidade, ela foi expulsa do mosteiro de Scala. Acabou indo para Pareti, com sua irmã. Lá, de 1733 a 1735, a pedido do Bispo, reformou-se o Convento da Anunciação. De 1735 a 1738, com sua irmã, iniciou "o convento Mater Domini", no qual vivem, tanto quanto possível, as normas e o estilo de vida da revelação de Scala.

Dali, transferiu-se para Foggia onde, no dia 9 de março de 1738, fundou um Mosteiro, ocupando provisoriamente o Colégio de Orti, dos Padres Jesuítas. No dia 4 de outubro de 1739, Madre Maria Celeste, sua irmã Iluminata e seis jovens foram para o Mosteiro definitivo em Foggia. Mantendo grande amizade com S. Geraldo, que era diretor espiritual do Mosteiro. Lá escreveu a autobiografia e completou os manuscritos que manifestam bem claramente sua evolução espiritual.

No dia 14 de setembro de 1755, Madre Maria Celeste, com a idade de cinquenta e nove anos, faleceu às 15h.

Seu processo de beatificação, como ela, teve um caminho de dificuldades, mas realizou-se no dia 18 de junho de 2016, em Foggia, depois de aprovado o milagre. As irmãs estão presentes em diversos países, em diversos mosteiros.

III
VENERÁVEIS

1

PE. JOSÉ AMAND PASSERAT

França, 1772 – Bélgica, 1858

Pe. Passerat nasceu em Joinville, França, dia 30 de abril de 1772. Em 1788 entrou para o seminário diocesano de Chalons sur Marne. Foi um bom estudante. Nesse tempo, desabrochou nele a vocação de poeta, que cultivou durante sua passagem pelo seminário. Instaurara-se a revolução em 1789, pela qual não tinha simpatia. Acabou indo para a prisão por motivos políticos. Livre, foi arrolado nas tropas revolucionárias da França e, rapidamente, foi promovido a ser comandante do esquadrão. Foi esperto em levar o batalhão para a beira da fronteira e de noite passou para o outro lado. Foi preso pelos alemães, mas libertado por saber de suas opiniões sobre a República.

Querendo continuar seus estudos, passou por diversos lugares: Augsburg e Würzburg. Acabou chegando a Varsóvia, onde se juntou aos redentoristas e S. Clemente em 1796. Fez os votos, em 13 de novembro de 1796, e foi ordenado padre, em 15 de agosto de 1797.

Como não conhecia nem o alemão, nem o polonês, não podia trabalhar na pastoral direta. Assim foi professor de teologia, mestre de noviços e prefeito dos estudantes. São Clemente o descreveu "como um homem de grande santidade e virtude".

Em 1805, foi destinado à fundação da casa do Monte Tabor, perto de Jestetten, na diocese de Constança. Lá chegou com três clérigos e poderia exercer a pastoral, pois era região fronteiriça com a França. Impelido a sair, foi para Babenhausen, na diocese de Augsburg. Durante os dezessete agitados anos que se seguem, ele dirigiu o crescente grupo de estudantes por diversos lugares, sem residência fixa, pela Suíça, até chegar a Valsainte, em um mosteiro cartuxo abandonado.

Pelas dificuldades em trabalhar pastoralmente por causa dos problemas de então, ele se tornou o grande rezador. Homem de oração e contemplação, com verdadeira paixão pela vida interior. São Clemente disse aos confrades em Viena: "Está para chegar aqui um grande rezador, e ele vai nos ensinar como se deve rezar".

Após a morte de Clemente em 1820, foi nomeado seu sucessor como Vigário-Geral dos redentoristas para a região além dos Alpes, com residência na nova casa, junto da igreja de "Maria am Gestade", em Viena. Após longos anos de frustrações, os redentoristas, sob sua direção, entraram em um período de expansão, chegando aos Estados Unidos. Como superior, um de seus principais objetivos era estabelecer a autêntica observância redentorista nas comunidades pelas quais era responsável. A esse propósito, mandou Pe. Francisco Springer a Pagani, para estudar a missão dos Napolitanos e adquirir as Constituições em uso no tempo de Santo Afonso. Teve o prazer de ver as missões tendo brilho fora da Itália. Enviou moças para Scala para entrar na Ordem do Santíssimo Redentor e trouxe-as para a Áustria de onde se espalharam pelo mundo.

Ele teve de se refugiar na Bélgica, em 1848, obrigado pela revolução austríaca. Nessa ocasião, em vista de sua avançada idade, renunciou seu encargo, recomendando que o Vicariato fosse suspenso. Sua resignação ao cargo foi aceita pelo Reitor-mor e pela Santa Sé.

Depois, por dez anos, viveu em Bruges como capelão dos redentoristas. Morreu em Tornai, no dia 30 de setembro de 1858. A reputação de sua santidade e as graças recebidas por sua intercessão levaram à introdução da Causa de Beatificação. Ela foi aceita por Roma em 1913, e suas virtudes foram declaradas heroicas, em 29 de abril de 1980. Parecia que o processo fora abandonado, mas reapareceu no Capítulo Geral, sobretudo depois da mudança de suas relíquias de Tornai para Bischemberg, a primeira casa fundada por ele.

Na história da Congregação, teve o papel preponderante na difusão e no esforço de se resolverem os assuntos do Vicariato em Relação a Pagani e Santa Sé. Conseguiu a divisão em províncias, que não chegou a funcionar por parte dos italianos.

2

PE. VITO MICHELE DI NETTA

Itália, 1787-1849

Nasceu em Vallata, Itália, em 26 de fevereiro de 1787, primogênito de nove filhos. Pais: Platone Di Netta e Rosa Villani. Entrou para o seminário diocesano em 1804. Seu tio, Pe. Felice, aconselhou-o a passar aos redentoristas. Ajudou na missa do Pe. Antônio Tannoia, primeiro biógrafo de Santo Afonso, que lhe disse: "O Senhor chama-o para nossa Congregação, para ser um zeloso missionário em sua mística vinha".

Em 1804, foi a Deliceto para o exame. Esperou por meses o despacho real permitindo a entrada nos redentoristas. Entrou no seminário em S. Angelo a Cupulo, nos Estados Pontifícios, e não no Reino de Nápoles. Ingressou no noviciado. Em junho de 1804, Napoleão tomou o Ducado de Benevento e expulsou os religiosos. Ele voltou para casa e estudou com seu tio. Não podendo voltar, Pe. Blasucci, superior-geral, aconselhou-o a continuar firme. Voltou a Ciorani para um meio noviciado e foi a Deliceto, onde, em 1808, fez a profissão religiosa. Propôs-se ser cópia fiel de Jesus Redentor. Fez-se um regulamento de vida.

Em 30 de março de 1811, foi ordenado em Lacedonia. Fez o segundo noviciado. Foi escolhido para ir morar na Calábria logo após a ordenação, em 10 de outubro de 1811.

Partiram para Catanzaro-Tropea. Exerceu trinta e sete anos de apostolado missionário. O segredo de suas missões: oração, penitência e humildade. Implantou a meditação para manter os frutos da missão.

Em 1822, foi superior de Tropea. Depois, mestre de noviços em Ciorani em 1836, após vinte e cinco anos na Calábria. Retornou à Calábria em 1839. Tornou-se Superior de Tropea novamente de 1842 a 1846. Restaurou a Igreja, foi visitador em nome do Superior-Geral para as visitas canônicas. Apresentou muitas virtudes e muitos dons sobrenaturais. Caiu doente de 1847 a 1849. Profetizou sua morte, em 3 de dezembro. Às nove horas da manhã, disse: "Eis-me aqui, Senhor. Eis-me aqui".

Seu processo de beatificação abriu-se em 5 de dezembro de 1896. Foi declarado venerável em 1910.

(Fonte: Pe. Di Coste Antonio, 1914, 268 p.)

3

PE. ALFREDO PAMPALON

Canadá, 1867-1896

"Admiro este santo jovem, sua doçura, sua alegria, seu amor à Eucaristia e a Santíssima Virgem Maria. Mesmo que sua espiritualidade seja do século XIX, o jovem Alfredo serve-nos de modelo. É um jovem nosso, nascido no território de Quebec, nas terras da América. Sua vida, sem um brilho particular, pode ser a mesma para aqueles que se inflamam por um ideal, um grande sonho, que querem desabrochar, que procuram a felicidade própria e dos outros."

"No terceiro milênio, nesta época de retorno ao paganismo, a figura de Alfredo nos ilumina. Ele é uma flor de virtudes que desperta a juventude e a leva ao ideal da verdadeira vida." Ele esclarece, com seu exemplo, os documentos do Concílio sobre a santidade do laicato, do sacerdócio e da vida religiosa" (Pe. Geraldo Derochers, C.Ss.R., biógrafo).

Era ligado ao grande santuário de Sant'Ana de Beaupré, onde trabalhou seu pai. Os redentoristas cuidam do santuário desde 1878 e eram da província Belga. Foi fazer o noviciado em Saint-Trond, na Bélgica, partindo dia 22 de julho de 1886, com outros seis colegas, tendo dezoito anos e oito meses. La já estava seu irmão Pedro, redentorista, em Beauplateau. O mestre disse desse noviciado: "O grupo de noviços é dos mais turbulentos e difíceis de conduzir". A formação religiosa conservava, nesse tempo, muito rigor. Ela se impregnava da influência austera do Venerável Padre Passerat, redentorista. Foi vigário-geral por longos anos e substituiu S. Clemente, morto em 1858 na Bélgica.

Teve dificuldades nos estudos de filosofia, menos nos estudos de teologia. No dia 11 de novembro de 1887, ajudou a primeira missa de seu irmão Pedro. Seu latim, feito em escola pública, deixava a desejar. Escreveu: "Prometo a minha boa Mãe Maria tornar-me santo. Minha confiança nela faz-me ter esperança. Por isso eu tomo a resolução de tender sempre à perfeição. Espero guardar essa decisão. Não por minhas forças, mas pela graça de meu eterno Salvador e o socorro de minha querida Mãe Maria e de São José".

Ordenado sacerdote, no dia 4 de outubro de 1892, ele disse: "Sou padre e, como tal, devo ser vítima". Ele o será por seus sofrimentos, como uma oferenda a Deus. Terminados os estudos, foi mandado para a casa redentorista de Mons, em dia 31 de agosto de 1893, onde iniciou seu ministério sacerdotal e os encargos da comunidade.

Permaneceu lá até abril de 1894 quando voltou a Beauplateau, onde fez o segundo noviciado preparando-se para as missões populares. Começaram a aparecer os sinais de tuberculose, que o levaram à morte em dois anos. Teve dificuldade de falar, o que lhe causou problemas e humilhações nos exercícios de declamação. Na visita canônica de 1894, o superior anotou: "Pe. Pampalon é um excelente religioso, sério, recolhido, modelo de obediência e perfeita caridade. Não se nota nele nenhum defeito". Terminado o segundo noviciado, voltou a Mons, onde exerceu o ministério, de modo particular nas sete missões em que participou. Impressionou por sua pregação. O jovem padre era um santo. A palavra de Deus jorrou de seu coração de apóstolo. Ele viveu o que pregava. Ele se inflamava do amor de Deus.

Seu ministério não foi longe. Em dezembro de 1894, o mal invadiu-o. Era a tuberculose. Para ajudar na saúde, voltou a Beauplateu.

Para Alfredo, o amor de Deus vem com a fuga de toda falta voluntária. Para se santificar, lemos em suas notas: "Devo aplicar-me a purificar minha alma de seus defeitos e aí plantar as virtudes". Procurava a vontade de Deus na observância da regra. Disse Padre Guillot: "Sua saúde, já enfraquecida e sujeita, sobretudo durante o inverno, a muitos incômodos, não o impedia jamais de seguir exatamente a vida comum e de permanecer para todos um modelo de observância". Pe. Alfredo dizia: "Quer ser um grande santo. Observa muito bem tua regra e as prescrições de teus superiores, as menores como as maiores. Feliz aquele que faz isso. Esse encontrou a santidade; pois encontrou onde está a vontade de Deus".

Pe. Alfredo era um homem de oração e assim permaneceu depois do noviciado. "Eu quero ser noviço sempre." Consagrou muito tempo a ler livros espirituais, fazer visitas ao SS. Sacramento e a rezar terços.

Era um homem de fé profunda, que se manifestava nos mais pequenos gestos. Sua confiança não se abalava, apesar dos estudos difíceis e da saúde frágil, mantinha sua calma e serenidade. O segredo de sua vida era o amor de Deus. Inflamava-se de amor por Jesus na contemplação do presépio, do crucifixo e da Eucaristia. Seu amor por Deus explodiu em grande alegria no sacrifício alegre que fez de sua vida para seu bom Mestre. Amava a Igreja. Tinha um zelo que o queimava. "Eu quero me tornar santo e ficar sempre santo para trabalhar mais tarde eficazmente pela salvação do próximo." Apesar de ter os talentos ordinários e a dificuldade de pronunciar, Alfredo preparava-se constantemente para os trabalhos apostólicos, o sonho de sua vida. Era afeiçoado ao ministério da confissão, não podendo, por causa de sua fraqueza, pregar muito. Sua mortificação era simples, baseada, sobretudo, em cumprir todas as suas funções. Ele suportava seus sofrimentos sem esmorecer. Sua vida revestia-se de humildade, colocando-se como servidor de todos, em espírito de pobreza e castidade.

Homem de grande bondade, a doçura era sua virtude dominante, acompanhada de grande alegria. Reservava grande amor para sua família e seus confrades.

Sua devoção estava voltada para a Eucaristia, por meio de longas visitas, celebração bem feita da missa. Não deixou de celebrar a missa, mesmo quando as forças o abandonaram. Era grande devoto de S. José e Sant'Ana. Sua vida foi testemunha de que o caminho mais rápido e mais sereno para Deus é a grande afeição para com Maria, sua Mãe, dedicando-lhe tantas poesias.

O jovem padre estava bem nas missões. Como o Redentor, ia pregar a Boa-Nova e converter os corações. Exercia um frutuoso ministério. Mas Deus o chamou. No dia 29 de setembro de 1894, ele não conseguiu terminar uma pregação sobre Maria. Estava esgotado. Mandaram-no repousar. No dia 4 de setembro de 1895, voltou ao Canadá. A doença aumentou. Esperou a morte com serenidade, sem medo e em meio a orações.

No dia 30 de setembro de 1896, às oito horas, abriu os olhos, fixou o céu, sorrindo, deu seu último suspiro. Tinha vinte e oito anos, dez meses e seis dias. No dia 2 de outubro, foi realizado o funeral na basílica de Sant'Ana. Os confrades confirmaram sua santidade. Os milagres são numerosos. Espera-se o milagre para a beatificação.

4

PE. GUILHERME JANAUSCHEK

Áustria, 1859-1926

Nasceu em Viena, no dia 23 de outubro de 1859. Seus pais eram da região da Moravia, mas moravam em Viena. Ao todo eram 16 irmãos, dos quais três se tornaram padres e duas filhas se tornaram religiosas. Seu diretor espiritual era redentorista, amigo da família, que, vendo a vocação religiosa do jovem, encaminhou-o para o noviciado em Eggensburg. Guilherme contava então com 17 anos. Fez os votos como redentorista em Mautern, no dia 28 de abril de 1878, e foi ordenado em Mautern, no dia 29 de agosto de 1881.

Depois de sua ordenação, foi destinado para trabalhar na formação em Mautern. Em 1885, foi nomeado Diretor do seminário em Leoben e, em 1890, mestre de noviços. De 1901 a 1907, foi o provincial da Áustria e continuou a exercer diversos ofícios até sua morte.

Foi superior por catorze anos. Permaneceu sempre um homem de oração.

Apesar de sua agitada vida, sentia muita alegria ao participar das missões, que pregou em diversas regiões da Áustria e Alemanha, até mesmo uma vez na Rússia. Toda a sua vida foi devotada ao confessionário, atraindo penitentes de todas as classes. Sua extraordinária santidade de vida era evidente para todos, sendo sempre um agradável e querido companheiro.

Em todas essas atividades, ele soube ser afável, equilibrado e ter uma visão das coisas baseada na fé e na mais profunda humildade. Ele sabia ser exigente e compreensivo, sempre preocupado com o bem dos outros.

Foi hospitalizado em 1925 e, como os médicos não descobriam sua doença, viveu mais de nove meses em uma lenta agonia, a qual suportava com fé e paciência, sem nunca reclamar.

Pe. Janauschek morreu em Viena, no dia 30 de junho de 1926. Em 1934, seus restos mortais foram transladados para a igreja de Santa Maria, onde estão também os restos mortais de São Clemente. Sua causa de beatificação foi aberta em novembro de 1934.

5

PE. PELÁGIO SAUTER, APÓSTOLO DE GOIÁS

Alemanha, 1878 - Brasil, 1961

Pe. Pelágio Sauter nasceu em 9 de setembro de 1878, na aldeia de Hausen am Thann (Alemanha), e foi batizado três dias depois. Seus pais, Matias Sauter e Maria Neher, tiveram quinze filhos. Dois deles, Pelágio e Gaspar, tornaram-se padres redentoristas.

Em 1892, Pelágio recebeu os sacramentos da Primeira Eucaristia e Crisma. Trabalhou dois anos como aprendiz de serralheiro em uma cidade vizinha. Em 1894 ingressou no seminário redentorista em Bachham. Estudou ainda em Dürrnberg (onde foi aluno do Bem-aventurado Pe. Gaspar Stangassinger) e terminou seus estudos ginasiais em Gars am Inn. Em 8 de setembro de 1902, consagrou-se a Deus pelos votos religiosos de Pobreza, Castidade e Obediência. No dia 16 de junho de 1907, foi ordenado presbítero por Dom Antônio Henle, em Deggendorf.

Quando convidado para vir ao Brasil, aceitou logo, pois sempre quis trabalhar nas missões estrangeiras. No dia 6 de agosto de 1909, desembarcou no Rio de Janeiro, com mais quatro confrades. Nunca mais voltaria rever a pátria.

Esses cinquenta anos foram assim distribuídos: cerca de cinco anos em algumas paróquias de São Paulo, e os outros quarenta e sete em Goiás. Durante esses longos anos, desenvolveu múltiplas atividades pastorais. Nunca foi Superior canônico. Seu apostolado predileto foram as "desobrigas" no sertão goiano. Percorreu centenas de comunidades, quase sempre a cavalo, tornando-se conhecido e estimado pelo povo.

Onde mais trabalhou foi em Trindade, famoso Santuário de Goiás, dedicado a Santíssima Trindade. Os romeiros iam visitar o Divino Pai Eterno na festa, mas não voltavam sem pedir também a bênção do Pe. Pelágio.

Dedicou-se com carinho aos pobres e enfermos. A quantos abençoou e curou das doenças do corpo e da alma! A quantos visitou nas próprias casas. Não tinha hora marcada para os que o procuravam em suas aflições e necessidades. Dizem as crônicas que somente em um ano visitou cerca de trezentos enfermos.

Seus últimos cinco anos foram dedicados unicamente à pastoral dos enfermos. Ficaram famosas as bênçãos que dava na igreja matriz de Campinas, Goiânia, todos os dias de manhã e à tarde. Contam-se muitas curas extraordinárias atribuídas a seu carisma curativo. Algumas não tiveram explicação médica.

Também sua morte está ligada a um ato de caridade. Ao visitar uma pessoa enferma, apanhou chuva na volta, ocasionando-lhe forte pneumonia. Foi internado na Santa Casa de Misericórdia e assistido carinhosamente pelo corpo médico, pelos confrades e amigos. Mas sobreveio um enfisema pulmonar, com outras complicações, tudo agravado pelos achaques da idade. Após uma semana de sofrimentos, morreu santamente às treze horas, do dia 23 de novembro de 1961. Tinha oitenta e três anos. É chamado de o apóstolo de Goiás.

6

PE. ANTONIO LOSITO

Itália, 1838-1917

Nasceu em Canossa, em 16 de dezembro de 1838. Nasceu órfão, pois o pai Antonio Losito foi esmagado por um barril de vinho quando tinha apenas trinta e oito anos. Sua mãe, Celeste Russo, morreu quando o menino tinha apenas 10 anos. Foi criado pela avó até a morte dela.

Aos dezessete anos, ao se encontrar com o clérigo Loyodice de Corato, (grande fundador de províncias e servo de Deus), pediu admissão, em bom latim. Aprovado pelos consultores gerais, entrou para o noviciado em 1855. Fez a profissão, no dia 24 de outubro de 1856. Fez teologia em Materdomini (Escritura, Moral e Santos Padres). No relatório está escrito: "Losito tem saúde boa, é forte e prudente. Virtuoso e com tendência ao escrúpulo". Ficou um bom tempo em casa para se curar. Foi ordenado dia 19 de março de 1862. Como havia muitos estudantes e poucos paramentos, ficou para um outro domingo, dia 5 de abril, com dispensa de oito meses e vinte dias. Fez da vida um dom para os outros.

Nesse período, foram supressas todas as casas religiosas pelos anticlericais. Em 1861, foram ameaçados de serem fuzilados, acusados de acolher bandidos. No Natal foram expulsos e ficaram somente dois padres para cuidar da casa: Tramontano e Losito. Depois, ficou Tramontano, e Losito foi expulso. Foi para sua casa em Canossa, onde ficou vinte anos. Manteve a vida religiosa. O povo acorria a ele, distribuía o que tinha em casa. Sua espiritualidade estava fundada no Santíssimo Sacramento, Maria e Menino Jesus.

Em 1886 voltou para a Congregação e foi a Pagani, onde viveu em uma casa particular. De 1887 a 1907, foi prefeito dos estudantes na cidade. Tinha grande interesse que os estudantes pudessem conhecer os outros ritos, por isso aproveitava para que pudessem participar dos ritos caldeu e armênio. Introduziu o jogo de bochas, cujo castigo para quem perdia era cantar uma "Salve, Rainha". Era duro nas chamadas que fazia aos estudantes. De uma feita mandou embora sete estudantes que mantinham correspondência secreta.

De 1907 a 1909, foi reitor de Pagani. Aos 70 anos conseguiu a declaração da Igreja como Basílica Pontifícia. Tinha grande cuidado com os pobres. De 1909 a 1912, foi provincial, cuidou do Santuário de S. Geraldo e amava as tradições populares.

Foi diretor espiritual de Bartolo Longo, cuja obra no Santuário de N.S. Rosário de Pompeia apoiava. Por meio da direção espiritual, teve contato com tantas pessoas ilustres, pregou a bispos, escreveu ao Rei da Espanha, era amigo dos cardeais. Um Cardeal amigo apresentou-o ao Papa. Estabeleceu com ele grande amizade. A porta estava sempre aberta para o senhor, disse-lhe o papa Pio X. Conseguiu muitos benefícios. Mandava laranjas do jardim de Santo Afonso. O Papa lhe escrevia. Nos cinquenta anos o Cardeal Van Rossum, foi festejá-lo com um cálice presenteado pelo papa Bento XV, que quis conhecê-lo. Ajudou a Cidade de Canossa nas dificuldades.

Sofreu de 1870 a 1890 de um tremor que lhe impedia de celebrar. Teve câncer na bexiga e morreu no dia 18 de julho de 1917, às 9h15. Foi exumado em 1920.

Foi o grande restaurador da Província Napolitana.

7

PE. BERNARDO LUBIENSKI

Polônia, 1846-1933

Nasceu em Guzów, perto de Varsóvia, no dia 9 de dezembro de 1846, o segundo de doze filhos de uma família polonesa nobre e muito religiosa. Seus pais: Tomás e Adelaide Wentworth Lubienski. Seu avô, ministro da justiça e do culto, foi quem assinou o decreto de expulsão de São Clemente de Varsóvia.

Bernardo em 1856 manifestou o desejo de ser padre. Com a idade de doze anos, em 1858, foi enviado por seus pais a S. Cuthbert' College, em Ushaw, na Inglaterra, onde seu irmão Henrique já estudava. Foram mandados para fora do país para não sofrerem a influência russa. Durante os estudos, Bernardo foi ajudado e protegido por seus parentes, Irene e Carlos Bodenham, que viviam em Rotherwas em Herefordshire.

Em 1862, Bernardo decidiu ser padre. Um retiro animou-o à vida religiosa. Entrou na Congregação Redentorista, em 1864, em Bishop Eton, perto de Liverpool, onde, aos 6 de setembro de 1864, começou o noviciado e, em 7 de maio de 1866, fez seus votos religiosos. O pai não queria sua vocação. Bernardo fez os estudos de filosofia na Inglaterra, os estudos teológicos em Wittem, na Holanda, e foi ordenado sacerdote em Aachen, Alemanha, em 29 de dezembro de 1870. Completou seus estudos e teve seis meses de campanha missionária em Perth, na Escócia.

Em 1873, Bernardo passou a ser secretário do Pe. Roberto Coiffin, o provincial da Inglaterra, mais tarde, bispo de Soutwark. Dedicou-se também ao trabalho pastoral na paróquia de Clapham, em Londres. De 1875 a 1882 participou, juntamente com outros missionários, de cerca de vinte missões, a maior parte em grandes cidades, como Birmingham, Londres, Manchester. Ele trabalhou também no apostolado entre os emigrantes poloneses na capital inglesa.

Depois de receber uma especial bênção do papa Leão XIII, em 22 de junho de 1883, Bernardo voltou à Polônia, estabelecendo-se em Mosciska para reimplantar a Congregação (atualmente Ucrânia). Ele dizia que queria reparar o mal que fizera seu avô ao assinar o decreto expulsando S. Clemente de Varsóvia. Durante essa estada, primeiro na casa redentorista de Mosciska, perto de Przemysl, e, depois, em Cracóvia e em Varsóvia, ele dedicou-se a um intensivo trabalho missionário, apesar de uma parcial paralisia, com a qual ele sofreu desde a idade de trinta e nove anos. Influenciou todas as classes sociais da Polônia pregando, escrevendo livros religiosos e propagando o culto à Virgem Maria, em especial sob a invocação do Perpétuo Socorro.

Tornou-se um famoso missionário, a quem o povo considerava um santo. Em seu trabalho apostólico evangelizou também na Rússia e Sibéria, pregando missões até Wladivostok, no mar do Japão.

Ele era chamado de missionário aleijado, pois, por causa de um problema, ele mancou pelo resto da vida. Depois de longos anos de trabalho missionário, morreu em Varsóvia, no dia 10 de setembro de 1933.

Em 17 de junho de 1982, iniciou-se seu processo de beatificação. Agora estamos esperando a declaração da heroicidade de suas virtudes e o milagre necessário para a beatificação.

8

PE. FRANCISCO BARRECHEGUREN MONTAGUT

Espanha, 1881-1957

Na hagiografia cristã, o caso de D. Francisco é um caso raro: casado, pai, viúvo, religioso redentorista, sacerdote.

Sua vida foi a de um novo Jó: órfão de pai com um ano de idade e de mãe aos cinco anos. Por dezoito anos sofreu do estômago. Sua filha ficou enferma aos treze anos e morreu aos vinte e um. Sua esposa tornou-se louca e o fez andar pela estrada da amargura. Contudo estava sempre afável, bondoso, com um sorriso nos lábios, dando graças a Deus: "Bendito seja Deus, que me leva por um caminho verdadeiramente extraordinário de cruzes".

Nasceu dia 21 de agosto de 1881. Seus pais: Manuel e Manuela. Ele nasceu em Lérida, e ela, em Barcelona. Foi batizado no dia 31 de agosto do mesmo ano. Um tio foi o tutor de suas grandes posses. E ele foi morar com duas tias em Granada. Era de saúde frágil. Fez a primeira comunhão aos sete anos, antes mesmo da permissão de Pio X. Sobreveio forte febre inexplicável. Esta foi sua marca: sempre carregou alguma cruz.

Iniciou seus estudos no Colégio Aguilera e Palo, de grande fama. Recebeu forte formação religiosa e intelectual. Participava efusivamente de todas as festas.

Sua noiva, Concha Garcia, era sua vizinha de frente e sua amiga desde os sete anos. Casaram-se, no dia 2 de outubro de 1904. Fizeram longa viagem de núpcias, passando por diversos países, inclusive Roma, onde puderam estar na Igreja de Santo Afonso diante do quadro de Nossa Senhora do Perpétuo Socorro, da qual era devotíssima D. Concha. Pediram por acaso ao cocheiro que parasse diante da Igreja e tiveram oportunidade de uma audiência com o papa S. Pio X.

Tinham uma elegante casa de três andares na Gran Via 20, que ele herdou de sua família, onde viveram vinte e dois anos, até a morte de Conchita no primeiro andar. Ele era o tipo impecável: tinha um temperamento alegre e simpático, de fino humor, bondoso e sorridente, ocultando o que se passava em seu interior. Era homem de muita formação intelectual devido ao colégio, às viagens e às leituras e tinha boa biblioteca particular. Pintava e era perito na fotografia. Gostava de teatro e touradas. Era apreciador de comida refinada. Era um marido enamorado da esposa, que era uma das mulheres mais belas de Granada, terra onde abundam em mulheres bonitas. Diziam de D. Concha: "bonita, muito agradável, simpática e simples". Outro dizia: "belíssima, capaz de enamorar qualquer um". Era, sobretudo, piedosa. Sempre nas fainas da casa, saía pouco e sempre de braços dados com o marido. Com a filha, formavam um trio inseparável.

O avô de Francisco tinha uma fábrica de tecidos de algodão, lonas e seda. Francisco ajudava seu tio no despacho, cuidava da correspondência. Era o administrador da empresa. Nisso trabalhou desde que deixou os estudos até 1915, quando morreu seu tio e o negócio passou para a prima.

NASCIMENTO DA FILHA

Em 27 de novembro de 1905, nasceu aquela que foi chamada de a Flor de Granada. Foi batizada no dia 8 de dezembro, com o nome de

Maria de la Concepción del Perpétuo Socorro Francisca de Paula Eloísa e Primitiva da Santíssima Trindade, Conchita. O pai, a convite de amigos, partiu para uma viagem. Nesses dias, ela, com um ano e sete meses, teve uma doença grave, que a pôs em risco de vida. Ao voltar e beijar a filha, ela despertou e o chamou de papai pela primeira vez. Graças a Nossa Senhora de Lourdes, a menina se recuperou.

Para a formação cristã e intelectual da filha, ele fez tudo em casa, sendo ele e a mãe os professores de todas as matérias. O médico aconselhou não forçar a menina. A mãe não confiava a filha às empregadas. Prepararam-na também para a primeira comunhão, em 1912. A Eucaristia era o centro de sua vida. Deram-lhe uma educação completa.

Francisco levantava cedo para a missa diária e às 8h sempre estava no trabalho. Tinha uma vida espiritual boa, mas só boa. Sofria muito com os males do estômago, com dificuldades para comer. Fez tratamento de águas e, com a oração, conseguiu recuperar-se rapidamente. No relacionamento com a filha, elevou sua vida espiritual e compreendeu o sentido do sofrimento, passando a uma vida mais recolhida.

A vida familiar de profundo amor e alegria, com festas, passou a ter concertos e festa em casa. Sempre viajavam, peregrinavam e passeavam. A menina absorvia e anotava tudo.

A cruz acompanhou-o: ele perdeu o pai e a mãe. Padeceu de muitas enfermidades, de modo especial a do estômago. A grande cruz foi a doença mental da esposa. Teve de ser internada quatro vezes. Quando em casa, ela o agredia.

A doença da filha: a partir dos dez anos, a filha começou seu sofrimento. Teve também os males do estômago. Indo a Lourdes e Lisieux, a filha teve a primeira crise de tuberculose. Concita morreu dia 13 de maio de 1927. Começou sua fama de santidade, o que se tornou uma cruz para o pai, pelas perseguições à filha. Em meio aos sofrimentos, a esposa morreu no dia 13 de dezembro de 1937. Após a morte da esposa, teve a atitude de profunda aceitação e agradecimento. Sua força foi a Eucaristia, com a comunhão, as visitas ao SS. Passava horas em oração, à noite. No dia 3 de dezembro de 1931, teve o Santíssimo na capela da casa. Passou a viver no Carmen. Era grande devoto de Maria, sob diversos títulos, de modo particular, Perpétuo Socorro e das Angústias de Granada.

Ele se fez o apóstolo da filha que tinha fama de santidade. Os comentários eram de que o pai era o santo. Tornou-se ele o primeiro propagador. O culto iniciou-se em sua casa, no Carmen. Lá ficou tudo como era em seu tempo para a visitação. O processo ocupou lugar importante em sua vida. Os milagres foram acontecendo e as romarias aumentando. Houve perseguição por causa dessa fama de santidade.

A primeira biografia veio antes do primeiro ano depois da morte. Ia gente de longe, sobretudo, no dia 13 de cada mês. Ele trabalhava na publicidade. O processo ordinário teve início em 1938 e fechou-se em 7 de novembro de 1947. Em 1977, fez-se um processo supletório, que terminou em 1979. (Houve também a questão das aparições de Conchita). Como era muito amigo das religiosas, Francisco deu a elas a casa do Carmen, para o cuidado de manter a casa de Conchita e o culto.

Era um homem de grandíssima correspondência com os mais diversos tipos de pessoas, a começar pelo cardeal da cidade. Elas eram fonte para o conhecimento de sua vida, seu sofrimento e sua espiritualidade. Nas cartas, pode-se notar o homem de fé, agradecido a Deus, humilde, fino, delicado e de agradável humor. Sua caridade manifestava-se no respeito às pessoas, sobretudo no tempo em que estava entre os estudantes, seus colegas de seminário. Os que conviveram com ele tinham-no como um homem sempre afável com todos, compreensivo e caridoso.

VOCAÇÃO RELIGIOSA

Homem nobre que era, e já de certa idade, não parecia o tipo próprio para a vida religiosa. Logo depois da morte da esposa, falou em ser Irmão, mas ele mesmo riu da ideia. O Cardeal de Madri fez insinuações em uma carta ao dar os pêsames pela morte da esposa. Procurou conselhos e esperou. Passou para as religiosas os bens e o cuidado da casa onde faleceu sua filha.

No dia 13 de junho de 1945, entrou para o convento redentorista e iniciou o postulantado em Granada. A pobreza da vida religiosa contrastou com sua vida de senhor em sua casa. Fez os serviços humildes. Em 13 de maio de 1946, iniciou sua viagem para o noviciado. Um jesuíta importante o avaliou e disse que teria condições para o sacerdócio. Recebeu da província a confirmação de uma vocação que lhe foi oferecida, mesmo sem se sentir digno e capaz. A vida dura e silenciosa não lhe era fácil, sobretudo para ele que vivera por conta própria. O estudo do latim, para ver se poderia assumir o sacerdócio, custou-lhe muito. Em tudo procurava qual era a vontade de Deus. Foi aprovado para o noviciado.

Chegou a Nava Del Rey para o noviciado, no dia 3 de julho de 1946. Era conhecido por ser pai de Conchita. Com 65 anos, no meio de 20 jovens de 18 a 20 anos, no dia 23 de agosto, tirou as vestes elegantes e vestiu a batina redentorista. Havia noviço que já era sacerdote. Horário pesado, trabalhos humildes. Desenvolveu a espiritualidade redentorista, o que, na realidade, já vivia. Exerceu diversos encargos. Sofria com a falta de limpeza, com o clima, com o trabalho manual e com a convivência. Havia grande amabilidade entre ele e os outros noviços. Durante o noviciado, preocupava-se com o processo de Conchita, com as publicações sobre sua vida. O processo já estava em Roma, e o Pe. Lucas, que era o postulador, foi transferido. Tinha ainda de manter a correspondência que era vultosa. Recebeu carta do Superior-Geral, Pe. Buys, no dia da profissão: "Os caminhos misteriosos da Providência, que para o senhor foram de alegria e espinhos especiais, desembocam agora no jardim da vida religiosa. Oxalá seja uma poesia de perene primavera e que os consolos do sacerdócio apaguem as amarguras passadas".

Durante o tempo do noviciado, salientaram-se sua humildade, seu espírito de oração, passando longo tempo na capela. Era homem mortificado e de boa convivência. Não se molestava e gostava de escutar os noviços.

Fez sua profissão religiosa no dia 24 de agosto de 1947. Dali foi para Astorga, onde fez um curso de teologia adaptado a sua idade. Foram dois anos de estudo. Causou curiosidade aos estudantes por sua personalidade e história pessoal. Não seguiu o curso regular, mas teve professores particulares. Aos 7 de janeiro de 1949, pediram a Roma a dispensa dos estudos regulares. O motivo da dispensa dos estudos: idade avançada (sessenta e oito anos), ser pai de Conchita, cuja fama de santidade se estendeu pelo mundo. Foi aconselhado a ser padre, apesar de ter querido ser irmão. Foi instruído nas ciências humanas e recebeu a formação de sacerdotes idôneos. Superou as expectativas nos estudos que apresentou. A resposta chegou dia 28 de abril de 1949.

No dia 17 de julho, fez a profissão perpétua e recebeu o subdiaconato. No dia 24, recebeu o diaconato e, no dia 25, a ordenação sacerdotal. O bispo que o ordenou era seu amigo desde seu tempo de casado. Dia 28 celebrou em Astorga a primeira missa cantada no dia de Santo Afonso. Pouco depois, celebrou a primeira missa na capela de sua casa, onde havia Santíssimo desde 1931 e onde viveu com sua família. Ali agora estava o corpo de sua filha Conchita, serva de Deus.

Na comunidade exerceu diversos encargos. Na igreja, não confessava nem pregava, pois não estava preparado para isso. Mas atendia ao povo, distribuía a comunhão a quem pedia. Atendia aos doentes com quem conversava longamente. Tornou-se capelão do Carmen. Lá devia ir duas vezes por dia a pé. Trabalhava no processo de sua filha. Além disso, era o enfermeiro da comunidade e cicerone aos confrades e amigos que iam visitar Granada. Assim trabalhou oito anos. Havia quem o humilhasse pelo processo de sua filha, duvidando de sua santidade. Era um santo. Todos diziam que, se a filha era santa, era porque o pai o era mais. A oração era o alimento contínuo de sua alma. Pela Virgem, sentia loucura. Sempre estava com o rosário nas mãos.

SUA MORTE

No dia 7 de outubro de 1957, mesmo sendo frágil, não estava doente. Havia passeado com um padre amigo, que viera da China. Era seu costume levantar-se cedo e chegar primeiro à capela. Naquele dia, não apareceu. Foram ao quarto, estava com a luz acesa, mas fechado. Passando pela ventarola, encontraram-no morto, com as mãos juntas, rosto tranquilo. Como se estivesse ainda com o corpo quente, deram-lhe a unção. Ao ser enterrado, passaram por seu Carmen.

Suas virtudes características: bondade, simplicidade, humildade, laboriosidade e piedade. Sempre estava com um sorriso nos lábios. Apesar de ter sofrido muito, estava sempre de bom humor. Nasceu rico e morreu pobre, porque seu coração era maior que o bolso.

A fama de santidade vinha de longa data e foi testemunhada por todos que o conheceram, tanto leigos como confrades, desde o noviciado. Os testemunhos no processo de Conchita, iniciado em 1938, terminou em junho de 1945. O processo ordinário supletório começou em 1979. Nesse processo, fala-se da santidade dos pais. Os testemunhos afirmaram sua santidade como secular, noviço, estudante e sacerdote. O processo foi aberto... Em 2001 foi colocada a *positio super virtutibus*, que foi reconhecida em 6 de maio de 2020.

9

CONCHITA BARRECHEGUREN

Maria de la Concepción Barrecheguren Garcia

Espanha, 1905-1927

Conchita García Barrecheguren nasceu em Granada, em 27 de novembro de 1905. Seu pai, Francisco Barrecheguren Montagut, era de Lérida descendente de uma família basco-catalã. Sua mãe, Concepción García Calvo, era de Granada. Conchita foi batizada na paróquia do Sacrário da Catedral de Granada, em 8 de dezembro de 1905. Era a festa da Imaculada Conceição. A garota recebeu nas águas do batismo o nome da Virgem: Maria da Concepción do Perpétuo Socorro.

Conchita teve uma vida curta. Não conseguiu completar vinte e dois anos – tinha mais exatamente vinte e um anos, cinco meses e dezesseis dias. Apesar disso, foi mais do que o suficiente para ser uma mulher cristã e desenvolver suas qualidades. Ela sabia como usar seu tempo e vivê-lo intensamente. Em seu retorno de uma viagem a Lisieux (de outubro de 1926), uma leve rouquidão foi o anúncio da tuberculose. Pouco a pouco, a doença minou sua natureza frágil. Os médicos aconselharam sua transferência para Carmen, que é uma localidade da família Barrecheguren nos bosques de Alhambra. Esperava-se que o ar fresco e puro, que lá chegam mais facilmente vindo da Serra Nevada, pudesse frear o avanço da doença e ajudar na respiração da paciente. Acrescente-se à dureza da doença a dificuldade de tratamento. Tuberculose era pouco conhecida pela medicina de então. Por isso, praticamente, podia-se apenas aliviar o mal-estar que provoca.

O desenvolvimento da doença de Conchita e os sofrimentos que a acompanharam causaram a admiração em quem a conhecia. Era espantosa a maneira como ela sabia tirar força da fraqueza para seguir em frente. Por isso se tornou evidente a maravilha de suas qualidades humanas e a segurança de sua fé. A fé de Conchita soube descobrir que os planos de Deus não eram os dela e que tinha de aceitar que sua vida, seu modo de seguir Jesus Cristo e seu estar na Igreja eram laicais. Não era um estado inferior ao religioso ou clerical, ao contrário, era o estado comum de todos os batizados e era o mesmo que o Senhor Jesus viveu. Conchita é um fruto da Igreja e, sem a Igreja, seria impossível falar dela. Hoje, sua recordação serve para manifestar a vitalidade eclesial. Nela há dois elementos amplamente reforçados pelo Concílio Vaticano II: a importância dos leigos na vida da Igreja e a participação deles no sacerdócio de Cristo pelo batismo (LG 10).

A simplicidade de Conchita de ser cristã para valer é um testemunho atual. Ela aparece como uma parábola do Evangelho, para quem quer compreender outras possibilidades de vida e de felicidade. Sua fé inabalável e sua fidelidade nos impressionam. O extraordinário de Conchita é sua vida normal e comum. Mas há duas coisas especificamente originais e que chamam atenção de quem a conheceu: a maneira de ela aceitar e carregar a Cruz e a distância do mundo e tudo o que podia desviá-la do processo de crescimento espiritual, o que, certamente, não passou despercebido.

Morreu em 13 de maio de 1927. Ela não procurou, nem viveu coisas que chamassem atenção. Foi simplesmente cristã. Com sua fé, respondeu às dificuldades cotidianas e aos desafios que apareciam. Os que a conheceram sabiam como apreciá-la e que estavam diante de uma pessoa especial, extraordinária e santa. Sua fé era evidente para todos. Sua pessoa era uma presença discreta e fraca, da qual se sente falta quando, inesperadamente, desaparece. Foi o que aconteceu com ela. Os amigos e os conhecidos de Conchita descobriram, pouco a pouco, um atrativo que, até então, tinha passado despercebido. Ela tinha algo que passou a servir como uma referência. Suas poucas palavras e seu modo de encarar a vida tornaram-se um estímulo. Nunca ninguém, nem Conchita, nem seus pais ou seus amigos, podia pensar que a fragilidade e a fraqueza da garota iria despertar tanta admiração e tanto interesse depois de sua morte. É uma reputação que não deteriora, ao contrário, as pessoas continuam lembrando-se dela e a admirando.

A morte de Conchita lançou um movimento que se estendeu com velocidade incomum. Em toda a Granada, fala-se de Conchita; muitas pessoas começaram a pedir fotos e logo apareceram seus escritos, que começaram a ser lidos, primeiro entre os mais próximos e, depois, foram publicados.

A causa de beatificação e canonização de Conchita começou em 21 de setembro de 1938, introduzida pelo Cardeal Parrado, Arcebispo de Granada. A fase diocesana encerrou-se em 7 de novembro de 1945. Em 9 de fevereiro de 1956, o papa Pio XII aprovou o juízo sobre seus escritos e disse que eles não têm nada que seja o obstáculo para continuar o processo de beatificação e canonização.

Em 1977, Roma pediu que se fizesse o processo suplementar diocesano sobre Conchita, para concluir o que já tinha feito entre 1938 e 1945. Nessa ocasião compareceram ao Tribunal 23 testemunhas, que completaram – mais de cinquenta anos após a morte de Conchita – os dados que se tinham sobre ela e asseguraram que é mantida a fama de santidade, apesar de terem passado tantos anos. Esse processo concluiu-se um ano mais tarde, em 1979. Em 24 de abril de 1992, deu-se o Decreto sobre validade dos Processos Ordinário e Supletório, que foram assinados pelo Cardeal Prefeito da Congregação para as Causas dos Santos.

Após a morte de Conchita, seu pai, D. Francisco Barrecheguren, quando ficou viúvo e solitário, em junho de 1945, decidiu entrar para a Congregação dos Missionários redentoristas. No final do ano de noviciado, em 24 de agosto de 1947, emitiu os votos religiosos. Começou, então, a estudar teologia e continuou a preparar-se para a ordenação, no dia 25 de julho de 1949. Como sacerdote, superiores deixaram-no em Granada. Pe. Francisco Barrecheguren morreu, em 7 de outubro de 1957, e seu processo de beatificação e de canonização iniciou-se em Granada, em 1993. Suas relíquias encontram-se no santuário de Nossa Senhora do Perpétuo Socorro, desde 29 de setembro de 1996, uma vez que tinha sido aprovada a abertura de seu processo de beatificação e de sua canonização pela Sagrada Congregação para as causas dos Santos, em 24 de março de 1995.

Temos de reconhecer na serva de Deus, Conchita Barrecheguren, uma mulher do século XX, em que os leigos tinham reivindicado e assumido o papel dentro da Igreja. Ela tornou-se uma referência como fiel e como secular. Em tempos em que era difícil acreditar ainda mais na realidade europeia, Conchita ofereceu uma fé determinada, confiante e segura. Em tempos de crise para a instituição da família, Conchita foi referência da forma de como a família cristã poderia oferecer um espaço insuperável de crescimento, maturação e equilíbrio humano e transmissão da fé. Em um momento de crise vocacional e falta de valorização da vida religiosa e sacerdotal, Conchita ofereceu não só seu apreço por esses modos de vida, mas, acima de tudo, hoje, o extraordinário fruto que supõe a vocação religiosa, sacerdotal e missionária do próprio pai.

Hoje, Conchita e seu pai, o servo de Deus, Francisco Barrecheguren, juntos são uma referência da vida familiar cristã e esperamos que sejam reconhecidos e propostos pela Igreja como modelo de vida cristã. Desde 29 de novembro de 2007, estão as relíquias de Conchita, juntamente com as de seu pai, no santuário de Nossa Senhora de Perpétuo Socorro de Granada.

(Pe. Francisco José Tejerizo Linares C.Ss.R. vice-postulador da causa da canonização de Francisco e Conchita Barrecheguren)

IV
SERVOS DE DEUS

[illegible] Maria [illegible] seu [illegible] no [illegible] parto.

[illegible] proposta de Maria Celeste, Santo Afonso [illegible] de Deus. Com a graça do Senhor, em 13 de [illegible] dia de Pentecostes, deu-se finalmente princípio ao [illegible] Instituto, com o nome de "Ordem do Santíssimo Salvador" [illegible] Transfiguração do Senhor [illegible] ordem.

[illegible] Santo Afonso [illegible] para os homens, os [illegible]. Por [illegible] sua espiritualidade, a Ordem [illegible] Congregação do Santíssimo Redentor [illegible] testemunhas [illegible] Espírito Santo, o Mistério de Cristo [illegible] da Virgem Maria, para a salvação da humanidade.

Como Jesus, a vida de Maria Celeste foi sempre cheia de sofrimentos e dificuldades. Por dificuldades com o bispo Falcoia e a comunidade, ela foi expulsa do mosteiro de Scala. Acabou indo para [illegible]. Lá, de 1733 a 1735, a pedido do Bispo, reformou o Convento da Anunciação. De 1735 a 1738, com [illegible], [illegible] o Convento "Mater Domini", no qual vivem, tanto quanto possível, as normas e o estilo de vida da revelação de Scala.

Daí transferiu-se para Foggia onde, no dia 9 de março de 1738, fundou um Mosteiro, ocupando provisoriamente o Colégio [illegible]. [illegible] 4 de outubro de 1739, Madre Maria Celeste [illegible] e seis jovens foram para o Mosteiro definitivo em Foggia. Manteve grande amizade com S. Geraldo, que era diretor espiritual do Mosteiro. Lá escreveu a autobiografia e [illegible] que manifestam [illegible] sua [illegible].

No dia [illegible] de setembro de [illegible], Madre Maria Celeste, com a idade de cinquenta e nove anos, faleceu às 15h.

Seu processo de beatificação, como ela, teve um caminho de dificuldades, mas realizou-se no dia 18 de junho de 2016, em Foggia, depois de aprovado o milagre. As irmãs estão presentes em diversos países, em diversos mosteiros.

1

PE. ISIDORO FIORINI

Itália, 1867-1956

Nasceu em Schifelli em 23 de maio de 1867. Seus pais foram Alexandre Fiorini e Rosa Campoli. O pai faleceu em 1876. Ele e a mãe passaram grandes misérias. Ela foi trabalhar no galinheiro da comunidade, e Isidoro fez alguns serviços pela casa. Um padre o instruía e também muito lhe falava da Sicília.

Em 1883, pediu para entrar na Congregação. Iniciou o noviciado em Roma (Convento S. Afonso) em 1885. Aí fez os estudos sob a orientação do Pe. Pitocchi. Viu confrades de todo o mundo, o que o animou a vastos horizontes. Fez dez anos de estudos e de empenho de vida religiosa. Seu defeito era a ira. Foi para Cortona para continuar os estudos. No dia 13 de julho de 1897, recebeu a ordenação sacerdotal.

Transferido a Schifelli, foi a Bussolengo para pregar missões. Em 1902 recebeu uma carta do Superior-Geral, que o transferiu para a Sicília, para a cidade de Uditore, para pregar depois da supressão garibaldina. Fez grandes missões. Recebeu abusos dos liberais maçons. Sofreu por doenças que o incomodava. Na missão de Partana, recebeu (1913) a notícia da morte da mãe.

Em 1915, foi transferido para Agrigento. Ele era acolhedor, bondoso e compreensivo. Surgiu, nesse tempo, a guerra do império austro-húngaro. Terminada a guerra, foi transferido para Sciacca, como superior da casa.

Retornou a Uditore. Teve uma capelania para retiros e cuidou espiritualmente dos uditorenses. Promoveu uma missão e pregou missões. No meio de tanta atividade, mantinha-se em contemplação e visitava também as famílias do campo.

Retornou novamente a Agrigento e viveu uma segunda juventude. Livre, dedicou-se às missões com grande apreço do povo. As igrejas ficavam cheias. O povo queria sua presença. Confessava o tempo todo. Nunca disse não aos superiores.

Longa permanência em Uditore: voltou a Uditore, reformou a igreja e tornou-se disponível para as missões. Trabalhou nos diversos setores. Foi procurado pelos seminaristas para as confissões. Um servo de Deus confessou-se com ele. Preocupado com a juventude, pregou retiro aos sacerdotes. Deu apoio à Ação Católica. Recebeu a visita de um visitador muito duro e centralizador, ele escreveu ao geral protestando em nome dos outros. O Geral respondeu: “Será que Nosso Senhor agradaria a vocês?” Obedeceu.

Última etapa em Agrigento: voltando a Agrigento, preparou o centenário da canonização de S. Afonso. Atendeu o povo. Em 1942, foi nomeado superior de Rometta. O Geral mudou de ideia. Mesmo sendo velho, continuou a pregar e confessar. No dia 24 de julho de 1956, tendo ido confessar às Irmãs, voltou de ônibus, mesmo tendo sido oferecido um táxi. Pelas vinte horas chegou diante da casa, desceu, mas a batina se prendeu, e, fechada a porta, o ônibus partiu arrastando o padre, que ficou com as pernas sob as rodas de trás. Foi levado ao hospital e, depois, para casa, onde morreu dia 25 de julho de 1956, com 89 anos 2 meses e 2 dias.

2

IR. JOÃO BATISTA STÖGER

Áustria, 1810-1883

NA CASA PATERNA

Seus pais chamavam-se José e Isabel. Moravam em um bairro perto de Viena (Enzersfeld) – tinham propriedade e um parreiral para vinho caseiro. Família religiosa e de oração. Pai era severo e jejuador. A mãe teve oito filhos (os dois primeiros morreram). Nasceu João e, depois dele, mais cinco, dos quais morreram dois. Duas irmãs se fizeram monjas redentoristas. A mãe pediu ao pároco que encaminhasse as filhas para as redentoristas.

Seu tio Miguel tinha uma propriedade, ele era religioso e influenciava João. Levava-o para suas devoções. Em sua formação estava presente também Santo Afonso. Conheceu também a influência de S. Clemente.

Foi aluno aplicado na escola. Acima do normal, gostava de livros e fez uma biblioteca, onde se encontravam livros de Santo Afonso. Tinha até pinturas de Santo Afonso.

Em sua juventude quis ser padre, mas o pai o impediu. Ele tinha grande espiritualidade e vida de oração. Aos quinze anos, foi encarregado de cuidar dos animais; morava na cocheira. Lia muito, mesmo quando ia de carroça à cidade. Eram tempos de crise na sociedade.

Era grande amigo das crianças, sempre era chamado a ser padrinho de Crisma. Em um ano teve oito afilhados. Era bom companheiro, saindo sempre com os colegas para peregrinações. Era estimado pelo povo, alegre, prestativo e simpático. Ia a Viena toda semana levando legumes e leite.

Sua vocação religiosa se anunciou. Procurou mensalmente o confessor, Pe. Máximo. Depois dele, o Pe. Medlener, redentorista. Tinha uma espiritualidade voltada para os sofrimentos de Cristo. Repetia sempre a música "Deixa-me cantar teu sofrimento". Já preanunciava sua vida dolorosa.

Aos vinte e quatro anos, estava na idade de assumir a direção do sítio, pois o pai já era idoso. O pai perguntou-lhe se queria casar. Respondeu-lhe João: "Pai, casar? De jeito nenhum!" O pai sabia de sua vida de oração. Não era simples assim. Ele foi aos redentoristas, franciscanos e jesuítas. Eles não tinham terra para cuidar.

O irmão franciscano Dídaco, que recolhia esmolas, foi à casa de João e aconselhou-o buscar os padres de Hofbauer. A mãe pediu ao pároco, Pe. Pio, que conversasse com João e escrevesse ao Pe. Passerat, que o aceitaria. Em 1° de janeiro de 1836, despediu-se e foi de carroça para Viena. Os livros foram junto.

NA CONGREGAÇÃO

Era tempo de guerras e revoluções. Em 1789, a revolução francesa. Em 1813, Napoleão foi batido em Leipzig. Em 1815 aconteceu o Congresso de Viena. As consequências ficaram. Era tempo do iluminismo e o josefinismo. O grupo de românticos iniciou a contracorrente, comandado por S. Clemente. O povo apoiava e seguia. Também seu pai e o tio apoiaram o santo.

João entrou na Congregação e foi para Weinhaus, propriedade agrícola, onde aprendeu a fazer o pão com o Ir. Agostinho. Ele levava os legumes e o leite para a casa com carrinho de mão. Era uma comunidade sem superior, com confusão que atrapalhava o candidato irmão. Em março de 1839, iniciou o noviciado com o nome de Ir. Colombano. Mudado depois para Batista. Teve duas virtudes: a humildade e a obediência. Pontual, dócil e aberto. Dialogava. Mandaram-no para Weinhaus. Pediu revisão e foi mandado para Eggenburg. Lá trabalhou na horta até a morte, aos quarenta anos sofrendo e cantando: "Deixa-me cantar teu sofrimento". No dia 18 de março de 1840, fez a profissão religiosa. Sua vida era o heroísmo do dia a dia.

PERSONALIDADE

Amor a Deus e rezador: a oração ocupava largo espaço na vida de João. Viveu a presença de Deus, chegando à grande contemplação. Levantava-se às três horas para fazer via-sacra e oração. Às cinco horas, oração da comunidade e missa na qual era acólito. Gostava da Palavra de Deus. Era silencioso, trabalhador e rezador. "Esse irmão salvou mais almas com sua oração do que todos os padres com sua pregação."

No trabalho: Oração e trabalho eram a unidade de sua vida. Fez o trabalho com tal fervor como se estivesse realizando uma ação litúrgica. Como hortelão e jardineiro, preparava flores para a capela.

Confiança em Maria: continuava suas peregrinações, preferindo o santuário Pulkauer Brünnl, perto de Eggenburg. Quando começou a faltar chuva, ia lá. O povo, vendo-o, dizia: "O irmão Batista vai indo, logo vem a chuva". Quando ia, levava os que pouco saiam de casa.

Amor ao próximo: era atencioso para com cada um. Severo consigo mesmo, não exigia dos outros. Dizia: "A regra não é o retrato, é a moldura". Nessa moldura, que é comum a todos, cada um procura encaixar seu retrato conforme a natureza de cada um e a medida da graça.

Despertador: era o despertador da comunidade. Quem ia à meditação às cinco e trinta devia levantar-se às cinco. Quando sabia que um confrade gastava só quinze minutos, ele o deixava dormir um pouco mais, voltando quinze minutos mais tarde para acordá-lo. Ajudava quem precisava, mesmo sem que lhe fosse pedido. Não deixava o hóspede sozinho e esquecido.

Doentes: oferecia-se para passar a noite com os doentes mais necessitados. Sua delicadeza com os doentes só podia ser comparada a um anjo.

Amigos: tinha amigos na região, os quais visitava nos dias em que, por causa do mau tempo, não estavam ocupados.

Amor misericordioso: respeitoso, não falava mal, não agredia. Não julgava.

Caminho da humildade: tinha grande veneração para com os sacerdotes. Quis ser padre, mas o pai não deixou. Ajudava na sacristia com carinho. Queria bem aos confrades. Fez os trabalhos duros. Procurava passar despercebido.

Caminho da pobreza: trabalhava no jardim, fazia o pão, preferia as coisas pobres.

SOFRIMENTO E MORTE

Acompanhou o tempo litúrgico em suas orações. Na meia idade, apareceu-lhe um problema no pé. As dores aumentaram. Rompeu-se uma veia, e ele caiu sem sentidos. Trabalhou ajoelhado para acabar uma tarefa. Teve de deixar o trabalho. Ajudou nos serviços da cozinha. Não podia deitar-se ou andar por causa da perna. Passava o dia e a noite em uma cadeira de encosto, cheio de paciência.

Tentação e angústia: acrescente-se a isso o sofrimento espiritual – escrúpulos, sentimento de culpa, angústias. Recorria a Maria. Tinha suas lutas com o demônio. Sofria de desconsolo interior. Sentia-se abandonado por Deus. Sentia-se no inferno e sem fé.

Tudo está consumado. No dia 3 de novembro de 1883, pediu: hoje quero ficar deitado no chão. Agitou-se, deu gritos e emudeceu. Teve tremores. Entregou-se à oração das dezenove horas até as três e meia da manhã, quando disse: "Agora está bom". Pediu para ir para a cadeira. Adormeceu tranquilamente no Senhor

Túmulo glorioso: sepultamento concorrido. Teve seu túmulo visitado. Em 1898, abriu-se o processo. Seu corpo foi exumado. A província teve continuado o interesse por seu processo.

3

IR. ROSÁRIO VITO DOMENICO ADDUCA

Itália, 1793-1860

O casal, Carmine Adduca e Maria Cappariello, teve seis filhos. O terceiro é Rosário, porque foi batizado na festa de Nossa Senhora do Rosário, no dia 7 de outubro de 1793. Desde pequeno tinha um grande amor a Maria, o que lhe foi ensinado pela mãe. Aprendeu a ler e a escrever com o Padre Vicente Pelosa. Aos dez anos fez a primeira comunhão. Em 1808, morreu o Pai, com quarenta e quatro anos. Rosário procurava o trabalho de pastor. A solidão ajudava-o na oração. Enquanto as ovelhas pastavam, ele rezava. Levava consigo santinhos e vela.

VOCAÇÃO

A família procurou-lhe um casamento quando tinha vinte anos. Com a insistência desta, pediu sete dias para pensar. Conversou com o pároco que lhe disse: "Seu coração deve ser todo e sempre consagrado a Deus". Recusou o casamento e procurou os redentoristas que por ali passavam. O pároco que o ensinara a escrever escreveu: "Atesto eu, o abaixo-assinado, pároco da Matriz, sob o título de Santo Elias, Maschito, diocese de Vanosa, que Rosário Adduca de Carmine, meu paroquiano, é um jovem de ótimos e puríssimos costumes, frequentador da igreja e dos sacramentos, com edificação tanto minha como de toda a população. É um leigo de espiritualidade".

"No dia 1º de janeiro de 1824, entrou para o noviciado o Ir. Adduca Rosário de Masquito." Não se sabe quem foi o mestre nem onde fez o noviciado. Recebeu a batina dia 29 de junho de 1824. Terminado o ano de prova, não emitiu os votos após os primeiros meses. Deveria esperar algum tempo, como todos os Irmãos.

Do noviciado, foi a Pagani e destinado à Sicília. Passou por Masquito. A mãe morrera antes, em 1817. Não teve ligação com os parentes, que não o esqueceram, mesmo a um século de distância. Foi para Agrigento, onde chegou entre a metade de 1824 e metade de 1826. Não há documentos porque, pela supressão de Garibaldi em 1860, perderam-se as crônicas e os documentos dos conventos.

Os redentoristas chegaram à Sicília pela primeira vez em 1761. O bispo formara uma biblioteca que confiou aos redentoristas. Um espertalhão mandara cartas aos bispos, pedindo ajuda para a missão em nome de Afonso de Ligório. O Ir. Tartaglione, que apanhava a correspondência, um dia, por acaso, chegou primeiro e pegou as cartas. Assim se descobriu. Afonso escreveu ao bispo narrando o fato e perguntou o que fazer com o dinheiro. O bispo respondeu que devia aplicar nas missões e pediu padres para sua diocese. Em 1768, morreu o bispo. Os padres foram perseguidos. Santo Afonso chamou-os de volta em 1773. O povo se revoltou, e o rei, em 1774, permitiu o funcionamento da comunidade. Em 1775, os padres voltaram. Dirigiram de novo a biblioteca. Havia um bibliotecário, um vice e um atendente. Quando atendia à porta, o Ir. Rosário ou rezava ou fazia terços.

Pe. Cocle, superior-geral, escreveu ao superior de Agrigento: "Ordena-se ao Reitor de Girgenti que mande o irmão Rosário a Sciacca, para fazer o segundo noviciado sob as ordens do Reitor e do Pe. Guadagnino; e irmão Plácido vá substitui-lo". Então, em 1827, fez a profissão religiosa. Voltou a Agrigento e à biblioteca.

Em 1831, houve visita canônica. Consta no relatório: Ir. Rosário de Maschito, bom filho, mas sem saúde. Participou de Missões. Nos anos de 1830 e 1831, participou só de três missões: em Naró, em 1836; S. Stefano di Quisquina, em 1836; na igreja de Santo Afonso, em 1854.

Em 1851 houve mudanças. A comunidade era composta de sete padres e três irmãos, entre os quais, estava Rosário, que era o sacristão, sempre em serviço. Não se sabe se antes já fora sacristão. Mas exerceu essa função até o fim de sua vida. Nesse tempo, demonstrou suas virtudes. Era rápido. Parecia que não punha os pés no chão. Quando não tinha trabalho, ajoelhava-se parar rezar. O povo recomendava-se a suas orações. Para ele, o irmão sacristão devia ser modelo e exemplo.

Pe. Berutti, em seu relatório de 1853, elogiou a comunidade pela edificação que provocava no povo. O bispo D. Cirino Rinaldi diz que "fazem grande bem... por meio das missões e de sua integridade, bons costumes e exemplo ao povo".

Decreto de Garibaldi de 1860 obrigou todas as comunidades a se dissolverem e saírem da Sicília. Em 1860 confiscaram os bens. No dia 7 de julho, a comunidade, cercada pela guarda nacional, foi mandada de navio para Malta. O Ir. Rosário ficou para guardar a igreja, porque estava velho e doente. Ali ficou até o dia da morte, em agosto de 1860. Contaram-se fatos milagrosos.

Não podendo sair do quarto, Afonso Manto cuidou dele e da igreja. Estando com ele no quarto, foi mandado sair: "Afonso, sai e deixa-me só". Ele ficou fora, olhando pela greta da porta. O Rosário assentou-se e absorto sorriu para o quadro de Nossa Senhora das Graças. Afonso entrou, e ele estava morrendo. Eram dez horas, do dia 19 de agosto de 1860; estava com sessenta e seis anos, dez meses e doze dias. Era dia de Santo Afonso. Com fama de santidade, Rosário foi enterrado na igreja de Santo Afonso, aos pés do altar de Nossa Senhora das Dores.

Os padres voltaram à Sicília em 1914, no dia 1º de fevereiro. Ao se reformar o piso da igreja, foi encontrado seu túmulo em 1929; havia poucos ossos. Em 1981 a comunidade decidiu levar adiante o processo de beatificação.

Em 1983 fizeram a exumação dos ossos. Em 1984 fizeram sua transladação. A abertura do processo foi em 1985.

4

IR. CELSO ALONSO RODRIGUEZ

Espanha, 1896-1936

"Fez-se tudo para todos"

Celso Alonso nasceu em 28 de julho de 1896, em Rioseras, povoado da província de Burgos, fecundo em vocações de redentoristas e de religiosos e religiosas de outras congregações. Seu irmão, Angel Alonso, também foi redentorista e trabalhou como missionário em terras do México, onde sofreu perseguição e só saiu vivo por ser estrangeiro.

Celso foi batizado no mesmo dia de seu nascimento e, meses depois, em 9 de outubro, foi crismado. Criança ainda, pastoreava o pequeno rebanho da família, por isso não teve condições de estudar além da escola primária.

A simplicidade e a piedade, aprendidas em casa e na escola, predispunham seu coração para que ali surgisse, logo cedo, o desejo de imitar seu irmão Angel e fazer-se redentorista como ele. Isso só veio a acontecer, porém, aos dezessete anos, quando foi admitido como postulante a irmão coadjutor. Depois de longos primeiro e segundo noviciados, fez sua profissão religiosa em 1923.

Durante o noviciado, teve de fazer o serviço militar em Valladolid. Nesse meio tempo, a crônica de Nava del Rey registrou duas visitas que fez a sua casa e anotou que todos ficaram edificados com seu comportamento.

Todos que o conheceram guardam grata recordação de sua figura física e moral. Alto, musculoso, ativo, sempre se movimentando, simples, franco e jovial, de piedade sólida, era incapaz de mentir e mesmo de fingir. Seu estilo de trabalho assemelhava-se um pouco a um furacão, parecendo mais apto a destruir que a construir. No ano de 1921, como sacristão no El Espino, fez um grande presépio no Natal. Levou dias para o fazer. Passadas as festas natalinas, entretanto, o presépio desapareceu em um abrir e fechar de olhos.

Assim era o irmão Celso. Estava sempre pronto para qualquer tipo de serviço que lhe pedissem, seja na horta, na cozinha, na sacristia ou na enfermaria.

Merece destaque sua caridade e solicitude no cuidado dos enfermos, não se preocupando com o cansaço nem medindo sacrifícios. Foi esse o ofício pelo qual mais se tornou benquisto e foi no exercício dele que a morte o colheu.

Nada mais se sabe da vida em convento desse irmão humilde. Não há cartas ou escritos que falem dele, nem outras referências biográficas suas.

Quando rebentou a guerra, com a consequente revolução e perseguição religiosa, em julho de 1936, fazia já alguns meses que o irmão Celso vivia fora do convento. Estava como enfermeiro no Asilo das Irmãzinhas de Santa Mônica, cuidando do ilustre e já ancião Padre Antônio Mariscal. Doente como estava, Padre Mariscal não tinha a menor condição de morar no convento naqueles dias conturbados, pois, se chegasse a hora de ter de fugir às pressas, como chegou, o que iam fazer com um homem que quase não saía da cama? Em 24 de agosto, morreu em paz, assistido pelo irmão e pelas irmãzinhas.

Com a morte do Padre Mariscal, em 24 de agosto, irmão Celso, que já fazia alguns meses que estava ali no asilo, não pensou em mudar de refúgio. Em seus quarenta anos, entretanto, não podia figurar entre os velhos. As Irmãs oficializaram-no, então, como enfermeiro. No asilo viviam outros dois Irmãos jesuítas.

Tudo corria bem, até que, no mês de setembro, o asilo caiu sob o controle vermelho. As religiosas ficaram confinadas, como que presas, na parte em que funcionava o noviciado. Os três religiosos eram constantemente vigiados pelos milicianos.

Irmã Irene Ruiz, Superiora do asilo, em carta escrita anos mais tarde ao Padre Colmenares, testemunhou que a vida do irmão Celso no asilo fora muito edificante, por sua piedade e pela caridade incansável para com todos. O mesmo testemunho deu a irmã Eloísa do Sagrado Coração como também várias pessoas do asilo.

No dia 28 de setembro, os três religiosos foram presos e levados em um carro. Desde esse dia, não se teve mais qualquer sinal deles. E nosso irmão Celso se tornou mais um ilustre “desaparecido”.

Ao terminar a guerra, com a ajuda de Irmã Irene, foi possível identificar seu corpo. Em sua ficha constam estes dados: “Irmão Celso Alonso. Idade: desconhecida; data de morte: 1º de outubro de 1936. Local do assassinato: Monteolivete. Pessoas que participaram do crime: desconhecem-se. Doença: feridas por arma de fogo”.

Madre Irene Ruiz quis perpetuar a memória dos mártires do Asilo e, com essa finalidade, mandou colocar no pedestal da estátua do Sagrado Coração de Jesus, que se ergue no pátio central do Asilo, uma placa com os nomes de todos. Encabeça a lista o padre que havia sido o capelão do Asilo. Entre eles, figura o nome do humilde e caritativo Irmão coadjutor redentorista, que ali se fez, como em muitos outros lugares, e segundo o espírito de Mestre, tudo para todos.

5

IR. SANTIAGO MARGUSINO FERNÁNDEZ

Espanha, 1863-1936

Nasceu dia 24 de julho de 1863, em Muga de Alba, província de Zamora. Aos vinte e quatro anos, entrou como postulante em Astorga. Fez sua profissão religiosa como irmão redentorista no dia 19 de março de 1891. Foi destinado à fundação de Porto Rico, voltando à Espanha em 1897. Depois de passar por várias comunidades, chegou a Valência em 1917, onde permaneceu até o momento de sua morte.

Alguém que conviveu com ele deu este testemunho: "Homem de poucas palavras, mas de muitos feitos pelo bem da comunidade em que vivia. Nunca ficava ocioso. Estava sempre ocupado com o trabalho ou com a oração. Fazia com perfeita ordem tudo o que lhe era encomendado. Era modelo de caridade e respeito religioso. Sua presença era garantia de ordem e pontualidade, com grande satisfação para os da casa e estranhos. Era bom em todos os ofícios, mas trabalhava, principalmente, como alfaiate e sacristão".

Ao explodir a revolução, o irmão Santiago buscou a hospitalidade de D. Carmen Aparisi y Guijarro. Ali não fazia outra coisa além de rezar; não tirava o terço das mãos enquanto esteve naquela casa, como nota uma das empregadas de D. Carmen. Essa senhora teve de fechar a casa, mas antes deixou o irmão instalado em uma pensão da rua Serrano nº 10. Ela pagava todos os meses a pensão para ele.

Depois de muitos sustos, por fim, no dia 23 de outubro, apresentaram-se sete militares e levaram o irmão juntamente com um jesuíta, que estava na mesma pensão, e fecharam-nos no cárcere das Torres de Cuarte. Lá já estava encarcerado o Pe. Benjamin Piorno, da mesma comunidade de Valência.

Um dia levaram um aviso ao padre, dizendo que o irmão estava de cama e queria falar com ele. Estava mal e já se pensava na morte. Queria confessar-se, o que fez fervorosamente. Reconhecida a gravidade do irmão, chamou-se o médico, pessoa sensata e católica, ao qual se comunicou a condição religiosa do irmão. O médico deu ordem que fosse levado ao hospital. Antes, porém, para reanimá-lo, deram-lhe uma injeção de óleo canforado. Assim pôde vestir-se por si mesmo, despediu-se da sala e desceu as escadas até chegar ao carro que o levaria ao hospital.

O que aconteceu depois? Morreu pelo caminho? Foi assassinado? Certo é que não chegou ao hospital. Desapareceu sem deixar rastro, nem nos registros do hospital, nem nas listas dos cárceres, nem nos cemitérios. A data suposta de sua morte ficou sendo 23 de dezembro de 1936.

6

IR. ANGELO VESGA FERNÁNDES

Espanha, 1886-1936

"Sapateiro, pedreiro, carpinteiro e santo"

Angel Vesga Fernández era natural de Herramélluri, província de Logroño ou Rioja, e nasceu em 1º de outubro de 1886, dentro de uma família profundamente cristã. Sua mãe, particularmente, era modelo de piedade; não se estranha, por isso, que de sua casa tenham saído três filhos para a vida religiosa.

Não se tem notícia da vida que Angel levou em casa antes de ingressar na vida religiosa, nem se sabe precisamente quando deixou sua família para começar o postulantado. Parece ter sido em 1902 ou 1903. O Noviciado, entretanto, é certo que ele iniciou em 1904 e durou até 1910, quando em 16 de outubro fez sua profissão religiosa.

Desempenhou diversos ofícios, como sapateiro, pedreiro e carpinteiro, e em todos era hábil; mas distinguiu-se como carpinteiro. Tinha uma piedade sincera, e seguramente foi a força da oração que o sustentou para não se cansar de uma vida que lhe era difícil, devido a seu temperamento tempestuoso. Quando contrariado, alterava-se todo e discutia com quem quer que fosse.

Esse seu temperamento forte não lhe permitia dissimular a profunda repulsa que sentia, durante as revoltas políticas e sociais, contra os que se manifestavam inimigos da religião e da ordem; e nem em público era capaz de conter a indignação que lhe causavam os pronunciamentos sectários de governantes marxistas. Quando se achava, por exemplo, no meio de operários que trabalhavam em obras nas casas, era franco e não escondia sua opinião ao ouvir qualquer coisa com a qual não concordasse, mesmo sendo, muitas vezes, advertido pelos confrades do perigo que isso podia significar naqueles tempos.

Quando estourou a revolução e foi obrigado a abandonar a Comunidade do Temple – assim se chamava a igreja dos redentoristas em Valência –, o irmão Angel refugiou-se, com o Padre Dionísio Monroy, em uma casa da Gran Via. Em fins de julho ou princípios de agosto, foi dali retirado por dona Joaquina Calabuig e levado para a casa número 4 da Praça Primo de Rivera; isso certamente devido ao perigo que corria no primeiro esconderijo.

Continuava sendo o que sempre fora: a mínima confiança que sentisse diante de um interlocutor qualquer, não escondia suas opiniões contrárias ao governo e às medidas sectárias da situação revolucionária do país. Estar à paisana lhe dava excessiva confiança, achando que não seria reconhecido como religioso.

Mas na casa de dona Joaquina parece que se comportou com mais precaução, vivendo escondido nos desvãos da casa. Só depois que ela conseguiu para ele um documento falso é que lhe permitiu descer à portaria, fazendo-o passar por um tio seu, de parte de sua mãe. Assim foi até que os milicianos, no dia 23 de setembro, desbancaram a Guarda Civil, que ali fazia a segurança do Consulado Argentino, tomando seu posto.

É evidente que a situação, a partir desse dia, mudou. O cuidado haveria de ser redobrado. Ao que parece, no entanto, o irmão não atentou muito para isso e acabou sendo denunciado por uma empregada da vizinha. No dia 30, os milicianos entraram, prenderam-no e levaram-no; já não se teve mais notícias dele.

Logo em seguida a sua prisão, chegou ao local de seu esconderijo para visitá-lo o Padre Arroyo que, na História da perseguição, aparece como Padre Royo. Dona Joaquina contou-lhe o ocorrido e pediu que saísse imediatamente dali, devido ao perigo que corria. Em 1944, assim escreveu ele ao Padre Lucas: "Eu mesmo, triste e casualmente, vi a patrulha que o levava pela avenida Mariano Reverter, ao anoitecer daquela tarde, pouco depois das sete... Segui de longe a patrulha – oito ou nove homens com fuzis – e os vi cruzar a ponte Aragon".

O Secretário da causa de beatificação escreveu o seguinte certificado: "Na Folha-Estado número um, relativa às pessoas assassinadas em Valência na época do terror vermelho, consta o seguinte: Angel Vesga Fernández, idade desconhecida, assassinado, em 5 de outubro de 1936, na estrada de Trânsitos, junto à estação de Aragon".

Há outro documento que diz: "Cemitério geral de Valência. Relação nominal do pessoal assassinado pelos vermelhos, reconhecido por familiares. Angel Vesga Fernández, redentorista. Idade, desconhecida; doença, feridas por arma de fogo; data do assassinato, 5 de outubro de 1936; local da morte, estrada de Trânsitos, estrada de Aragon".

Já o Padre Arroyo escreveu o seguinte: "Seu cadáver foi recolhido pelo Juizado quatro dias depois". Foi fotografado pelo Juizado, e o padre conseguiu a fotografia. E terminou assim seu relato: "O Juizado dá como data do fuzilamento o dia em que recolheu o cadáver, mas foi sacrificado em 1º de outubro, na mesma noite de sua detenção".

7

PE. FRANCISCO PITOCCHI

Itália,1852-1922

Nasceu em Vico, na diocese de Alatri, no dia 21 de setembro de 1852. Foi ordenado sacerdote, em Alatri, no dia 22 de maio de 1875. Trabalhando na paróquia de Vico, conheceu os redentoristas de Frosinone, quando pregaram missões e retiros a seu pedido, e acabou por se juntar a eles.

Professou em Santo Afonso, em Roma, no dia 8 de setembro de 1885. Por um tempo, ensinou retórica aos estudantes da província romana. Em 1887, editou as cartas de Santo Afonso.

É lembrado como confessor e diretor espiritual do clero. Foi confessor do Seminário Romano, a partir de 1898, e, em 1913, foi indicado por Pio X como diretor espiritual do Colégio Leoniano. Muitos eclesiásticos importantes tinham-no como diretor espiritual, inclusive o beato papa João XXIII. Morreu em Santo Afonso, Roma, no dia 13 de junho de 1922.

(R. Mezzanotte, Pe. Francesco Pitocchi, grande confessor de cardeais e prelados, Roma. 1959; SH, 31 [1983] 233-330)

8

PE. JOSÉ MARIA LEONE

Itália, 1829-1907

Nasceu em Trinitapoli, Foggia, no dia 23 de maio de 1829. Foi aceito entre os redentoristas com reservas, por causa de seu delicado estado de saúde. Fez sua profissão religiosa, em Ciorani, no dia 23 de março de 1851, e foi ordenado padre, em Amalfi, no dia 31 de dezembro de 1854. Impossibilitado, por causa da saúde, de ir a missões, tornou-se renomado pregador de retiros, diretor espiritual e autor de escritos de doutrina espiritual. Viveu algum tempo com a família, quando os confrades foram dispersos pelos garibaldinos. Com o retorno da paz, foi enviado como formador dos jovens redentoristas. Morreu em Angri, no dia 9 de agosto de 1907.

O processo de beatificação foi iniciado. Seu corpo foi levado para Pagani, em 1920, e para Pompei, em 1971, onde é venerado atualmente.

9

PE. EMANUEL RIBERA

Itália, 1811-1874

Pe. Ribera nasceu em 2 de março de 1811, em Moffeta, na Apúlia, perto de Bári, costa adriática. Segundo a tradição, a região teria sido evangelizada por Pedro. É região de mártires.

A origem de sua família é espanhola, do século XIII. Seu pai chamava-se Vicente Ribera, morto em 1828. Sua mãe foi Elisabete Cozzoli. Ele é o primeiro de três irmãos e duas irmãs.

Sua formação religiosa fundou-se muito nas leituras, cujo hábito tinha desde pequeno. Lia Santo Afonso e Sarnelli. Em junho de 1823, com doze anos, entrou para o seminário diocesano. Era um jovem de grandes virtudes. Aos dezesseis anos escreveu, por ordem do bispo D. Caracciolo, um regulamento de vida interior para os seminaristas. O pai queria retirá-lo, quando demonstrou vocação. O bispo o protegeu.

Aos quinze anos recebeu as ordens menores. O pai morreu e deixou os irmãos menores em seus cuidados. Pe. Boccassini, reitor, disse que ele tinha vocação para as missões. Não conhecia a Congregação Redentorista. Fez um retiro com um livro de Santo Afonso, o que lhe definiu a vocação.

Nas férias, caiu-lhe nas mãos o livro de Tannoia, sobre a vida e o instituto de Santo Afonso. O padre, que o convidara para almoço, era um ex-redentorista, que assistira a morte do santo. Fugindo de uma chuva, deram de cara com umas carroças, entre elas uma que levava uma cruz. Eram os redentoristas. Convidado, correu e entrou em uma delas. Falou da vocação para a missão. O padre escreveu ao Superior-Geral, Pe. Celestino Cocle. Devia se apresentar em Nápoles. A mãe não queria.

Em 1830 entrou para o noviciado. Escreveu dia 15 de maio de 1855: "aos vinte e cinco anos de minha aceitação no Instituto, depois de tantas perseguições... decido viver mais fervorosamente e perfeitamente". Um irmão leigo levou-o. Pediu para fazer-se santo. Sua vestição foi no dia 4 de junho de 1830. Era um noviço de sólidas virtudes.

Fez profissão religiosa em 5 de maio de 1830. Foi para Deliceto, onde fez filosofia e teologia, tendo como professor o Pe. Lordi, que foi depois superior-geral. Tinha boa memória. Conheceu bem S. Paulo, teve grande devoção ao Ss. e a Nossa Senhora. Era de observância exata. Continuou a teologia em Materdomini e Pagani. Sabia de cor as Glórias de Maria.

Foi ordenado sacerdote no dia 14 de março de 1835. Foi para a vida apostólica. Fez o segundo noviciado. Era pregador insigne. Preparava-se com a oração e o jejum. Sua mãe fez-se religiosa e foi morar em Roma. Trabalhando como missionário, teve de parar para repouso em 1838.

O Cardeal Caracciolo, que fora seu bispo, quis que fosse a Nápoles para pregações. Pregava retiros em especial aos universitários.

Foi mestre de noviços em substituição a Pe. Di Netta em 1839. Era um exemplo, uma imagem do Redentor, salientando-se no culto à Eucaristia e a Maria. Em 1842 estava muito doente.

O Cardeal Vigário de Roma chamou-o para resolver negócios da mãe, que era superiora franciscana. Visitava as igrejas e conhecia os santos. Ele mesmo teve grande fama de diretor espiritual.

Em 1846 estava em Santo Antônio a Társia, em Nápoles, onde passou por diversas doenças. Foi diretor espiritual de Bartolo Longo, atualmente beato, ajudou-o na obra caritativa de Pompeia e trabalhou no apostolado da difusão de livros.

Em 1851, passou por perigosa enfermidade, como depois nos anos 67, 69, 71, 73. Sofreu trinta e sete anos de broncopneumonia.

No ano de 1860, aconteceu a revolução. Foram supressas as casas. Retirou-se entre os padres escolápios. Em 1864, teve de procurar outro lugar. Em 1867, passou a viver em uma casa particular.

No dia 8 de abril de 1874, ele morreu, às sete horas e trinta minutos da manhã. E no dia 26 de agosto de 1886, fez-se a exumação. Realizou a cura de um padre que estava com tifo.

10

PE. VITÓRIO LOYODICE

Itália, 1834 – Uruguai, 1916

"Pioneiro de dois hemisférios"

Corato tem ligação com a Congregação. Ali, em 1732, atuou S. Geraldo com seus milagres. Ali nasceu Pe. Antônio Tannoia (1727-1808), que publicou a vida de Santo Afonso (1798-1802), e João Camilo Ripoli (180-1850), que, por dezoito anos, foi superior--geral da Congregação.

Seu avô era médico e francês; entrou no exército de José Bonaparte e Murat. Casou-se com a nobre Margarida Azzariti de Corato. Morreu na campanha napoleônica da Rússia, com quarenta e dois anos. Teve dois filhos, um deles era Mariana, que, aos dezenove anos, se casou com José Loyodice, homem de grande formação humana e religiosa. Fora educado no seminário (aberto) de Bisceglie. Vitório foi o segundo filho, batizado com o nome de Vitório Maria Geraldo Cristóvão Luís. Nasceu no dia 28 de julho de 1834. Assemelhou-se mais à mãe, filha de um francês, de cabelos loiros, pele branca, olhos claros, inteligência rápida, extraordinária vivacidade. Era chamado de o francês.

Quando menino, passando diante de um quadro de Nossa Senhora do Bom Conselho, tendo ao lado dois anjos e um busto de Santo Afonso, sem auréola (entre os anos 1808-1816), ele e seu companheiro viram Santo Afonso fazer um gesto de convite. Correu a contar à mãe, que não acreditou no fato e disse: “Oxalá S. Afonso te tivesse pegado pelos cabelos e te tivesse levado consigo. Você é muito moleque”.

Com dezessete anos, com o pai e o tio Pe. Benedito, foi a Nápoles encontrar o Superior-Geral Pe. Trapanese. Pe. Ribera, também servo de Deus, levou-os a Pagani e a Ciorani, casa do noviciado. Fez a profissão em 20 de março de 1852 e os estudos de teologia em Deliceto. Ordenou-se em 1857, em Amalfi. Passou dois dias em casa e viu inaugurar-se a casa redentorista de Corato, pela qual se empenhara seu pai José Loyodice.

Em 1750, Afonso recebeu a proposta de ir pregar aos nestorianos que voltavam à Igreja. Redentoristas jovens e anciãos ofereceram-se para abandonar a pátria e seus caros familiares. Um século depois, alguns jovens, em 1858, pediram ao Superior-Geral, Pe. Celestino Berutti, ir em missão fora da pátria. O geral solicitou um território. A Congregação da Propaganda Fide, para a evangelização dos povos, ofereceu Casanare, na Colômbia, com 6.000 km^2 e vinte e quatro mil habitantes, entre os quais tinham índios, todos em abandono. Foram Pe. Tirino, de cinquenta e quatro anos; Pe. Joaquim D’Elias, com vinte e seis; e Pe. Loyodice com vinte e cinco. Ele escreveu ao Superior-Geral: “Soubesse do barulho que meu pai fez por causa de minha viagem”.

Partiram de Nápoles dia 1° de maio. Passaram por Roma. Na Venezuela perderam a bagagem. Seis meses depois, chegaram a Casanare. Pe. D’Elia foi para Arauca – total abandono. Pe. Loyodice morava em Moreno. Aí ocorreram as peripécias da missão. Pe. Tirino morreu ao atravessar o Ariporo em 1860. Pe. D’Elia morreu em 1863. Loyodice permaneceu só com vinte e seis anos. Foi a Bogotá para aconselhar-se com o Núncio D. Miecislao Ledochovski. Tornou-se seu secretário. Em 1861, foram expulsos pelo presidente antirreligioso Mosquera. Os redentoristas deixaram as melhores impressões no dizer do delegado apostólico: "a virtude e a conduta dos padres edificaram a todos os que se aproximaram deles e se aconselharam com eles e deixaram as mais vivas simpatias... isso me dá a esperança de que a congregação poderá lançar profundas raízes na Colômbia".

Loyodice, pertencendo à Congregação Redentorista napolitana, então separada de Roma, não voltou a Nápoles e, sim, a Roma. Por quê? Situação precária e pouco segura das ordens devido à política de Garibaldi. Foi à Sede Geral da Congregação "Transalpina". Trabalhou na Igreja Sant'Alfonso e deu aula de filosofia ao pequeno grupo.

Uma carta de 1862, da Espanha, de Pe. André Martinez de Noboa, grande admirador de Santo Afonso, pediu dois ou três padres para observar e ver os meios para se fixarem na Espanha. O primeiro espanhol a entrar na congregação foi Pe. Isidoro Antoñanjas que morreu em 1945. Não havia espanhóis na congregação. Pe. Loyodice respondeu ao Pe. André em nome do Geral, por saber espanhol. Foi também escolhido com vinte e nove anos, pois tinha vasto conhecimento. Partiu dia 8 de fevereiro de 1863, com Pe. Egídio Zanini e o irmão Luís Estevão Zanichelli, para se estabelecerem na Espanha.

ESPANHA (1863-1884)

Não tinham reconhecimento do governo, o que dificultava formar uma comunidade reconhecida. Moravam na casa do Pe. Andréia Noboa. Trabalhavam nas confissões e na pregação. No dia 11 de outubro de 1863, passaram a morar em Alcala de Henares.

No início de 1864, pregaram a primeira missão, o que continuaram fazendo com proveito. Em 25 de junho de 1864, receberam o primeiro convento com igreja em Huete, diocese de Cuenca. Pregaram a missão no local. Estavam em relação permanente com o Superior-Geral, Pe. Mauron, que era organizador nato das funções religiosas. Passaram ao convento de las Mercês. Era maior.

Foi oferecida uma casa em Alhama (Granada). Foi com três padres. Um deles já era fruto dos trabalhos, Pe. Pedro Lopes, espanhol. Em 1867 a Congregação foi aprovada na Espanha e abriu-se o noviciado. Em 1868, o movimento revolucionário antirreligioso fechou as duas casas, e os padres ficaram dispersos. O Superior-Geral pediu que dois ficassem na Espanha, Loyodice e outro, esperando os tempos melhorarem. Continuou em Madri na Igreja das irmãs alcantarinas. Trabalhou com confissão e pregação. Deixou uma crônica ampla sobre os acontecimentos dos primeiros anos dos redentoristas na Espanha.

Publicou um devocionário extraído das obras de Santo Afonso (1870) e sua biografia (1874). Em 1869-1879, a pedido do Superior-Geral, passou meses em Roma como auxiliar de dois bispos que foram ao Concílio Vaticano I. Antes do Natal, visitou a família em Corato. O aviso da morte de seu pai foi-lhe dado durante uma pregação, justo sobre a morte. Interrompeu a pregação, rezou e continuou.

Em 1874 a monarquia foi restaurada, as congregações, também. Os bispos queriam os redentoristas. Havia somente dois, Pe. Loyodice e Pe. Luís Cograio. Escreveu ao Superior-Geral pedindo oito padres de uma vez. Pe. Mauron confiou a Pe. Desurmont, superior da província francesa, a tarefa de introduzir novamente a congregação na Espanha. Pe. Loyodice não estava à frente, mas dependia de um superior francês. Permaneceu como superior da pequena comunidade de Madri. Em 1877 foi fundar a casa de Granada. Trabalhou como confessor e pregador.

PARTIDA DA ESPANHA (1884)

Com os padres franceses houve mudanças no modo de viver a vida religiosa. Pe. Loyodice sofreu um forte esgotamento e depressão, que o colocaram em grave situação pessoal e espiritual. Pediu deixar um pouco a Espanha. Não o atenderam imediatamente. No dia 20 de maio de 1884, escreveu ao Superior-Geral pedindo um ano para se recuperar e que fosse como uma ordem, para não escandalizar os confrades e amigos. O Pe. Mauron mandou que estivesse em Roma, em setembro. Saiu no dia 5 de setembro, chegando a Barcelona. Por causa da cólera, não pôde partir sem quarentena. Voltou pela Suíça, mas foi retido pelo Vigário-Geral, que o mandou esperar. Pe. Mauron escreveu-lhe: "Em lugar de ir a Roma, fosse para Buenos Aires. A casa fundada pela província alemã necessita de um padre que fale italiano – pois ali há 60.000 italianos – e ele fala bem o espanhol e o italiano... o que pensa?" Respondeu: "se era o desejo do superior, era a vontade divina". Como o superior não oferecia uma visita a sua velha mãe e a seu irmão, foi para Luxemburgo. Partiu de Hamburgo, no dia 20 de setembro de 1884, para permanecer trinta e dois anos na nova missão.

NA ARGENTINA (1884 A 1897)

Chegou a Buenos Aires, em 22 de dezembro de 1884. Atendeu os emigrantes italianos com confissão e pregação. Dirigiu-se à arquiconfraria Nossa Senhora do Perpétuo Socorro como diretor espiritual. Pregou missões e retiros de 1886 a 1897.

NO URUGUAI (1897 A 1916)

Em 1889, os redentoristas alemães fundaram a casa de Montevidéu. Foi para ali transferido, continuou como diretor da arquiconfraria e da Conferência de São Vicente de Paulo. Era grande pregador, tanto que, aos oitenta anos, ainda pregava a novena de S. Francisco. Acompanhava religiosos e pregava missões.

O bispo D. Pio C. Stella, auxiliar de Montevideo, deu sobre ele um belíssimo testemunho. Entre outras disse: "Tido como santo, não tinha impaciência nas adversidades. Não murmurava, jejuava, dormia das vinte e três horas até as quatro. Trabalhava com diligência, era pessoa agradável, pregava muito bem, com clareza e simplicidade. Estava sempre ocupado. Confessava o povo por longas horas, mesmo estando doente e assentando-se sobre chagas".

No dia 12 de agosto, adoeceu gravemente, mas recuperou-se e retornou às atividades. Foi bem festejado em seus jubileus. Pio X mandou uma bênção, como também o Superior-Geral, Pe. Murray. Recebeu também a visita do Oblato Solari, de quem era amigo, e que está em processo de beatificação. Em 16 de outubro de 1916, morreu sem agonia, vendo o resultado de seu trabalho na Espanha, agora com duzentos e quarenta membros, mais uns cinquenta já mortos. Teve um funeral grandioso com setenta carros. Foi escritor traduzindo obras de Santo Afonso, biografia de nossos servos de Deus e um livro para religiosos Guia da Vida Religiosa. Em três anos, três livros que somam mil cento e quarenta páginas, isso aos setenta e oito anos de idade: Reino de Satanás (1910), Reino de Jesus Cristo (1911) e Reino de Maria (1912).

RETRATO FÍSICO E ESPIRITUAL

Homem alto, magro, voz sonora e forte, cabelos loiros e depois brancos. Recolhido, modesto, olhar de singular beleza. Carregava as virtudes dos santos, sobretudo a caridade. Era grande pregador e confessor, discreto na alimentação, nas roupas pobres; fazia longas orações. Tinha clarividência para ler os corações.

Em 1937, decidiu-se iniciar seu processo de beatificação, que se iniciou em 1º de outubro de 1942. Os milagres se sucedem. É o homem de muitas terras.

(Texto síntese do livro de Clemente M. Henze, C.Ss.R., *Un Pionere del Signore nei due emisferi. Il servo di Dio Vittorio Loyodice, missionario redentorista. 1834-1916*)

11

PE. VÍTOR COELHO DE ALMEIDA

Brasil, 1899-1987

O Padre Vítor Coelho de Almeida nasceu no dia 22 de setembro de 1899, em Sacramento (MG); era filho de Leão e Maria Sebastiana.

Aos doze anos, entrou para o seminário redentorista Santo Afonso, em Aparecida. Em 1918, fez sua profissão religiosa, em Perdões, e, no dia 5 de agosto de 1923, foi ordenado sacerdote, em Gars am Inn, na Alemanha, onde fizera os estudos de filosofia e teologia.

Voltando ao Brasil, dedicou-se às missões populares, vivendo sobretudo em Aparecida e, de 1925 a 1929, em Araraquara. Depois de ter estado em Campinas de Goiás, de 1933 a 1940, residiu em Araraquara e S. Paulo.

Sua generosa disponibilidade, seu estilo simples e a linguagem fácil fizeram-no muito popular nos estados de S. Paulo, Paraná, Minas Gerais e Espírito Santo.

Acometido de tuberculose, foi internado no Sanatório Divina Providência, em Campos do Jordão. Depois de sete anos de dolorosos tratamentos, suportados com evangélica paciência, não podendo retornar às missões por causa da saúde precária, voltou a Aparecida para trabalhar no Santuário.

Por trinta e seis anos, fez missão por meio da Radio Aparecida, fundada com sua contribuição em 1951 e da qual foi diretor de 1965 a 1970.

Ainda hoje, permanecem inesquecíveis entre o povo suas alocuções radiofônicas e seus programas: Os Ponteiros Apontam para o Infinito, Consagração a N. S. Aparecida e Entrevista com os Romeiros.

Por meio da Rádio, Pe. Vítor pôde evangelizar também aqueles que viviam nas regiões mais remotas e abandonadas do Brasil. Podia ser facilmente encontrado pelos peregrinos que, depois da participação das missas, pediam conhecê-lo, conversar com ele e tirar uma foto.

Dia 21 de julho de 1987, depois de uma embolia pulmonar, faleceu em Guaratinguetá, no Hospital Frei Galvão, com a idade de oitenta e sete anos.

A notícia de sua morte fez acorrer para os funerais, celebrados no dia seguinte na Basílica de N. S. Aparecida, uma multidão de cerca de vinte mil pessoas.

Seu processo de beatificação foi aberto em 12 de outubro de 1998, na basílica de N. S. Aparecida, na missa das onze horas.

12

ANTÔNIO SOLARI (OBLATO REDENTORISTA)

Itália, 1861 – Argentina, 1945

Nascimento: Ciávari (Itália) – 27 de janeiro de 1861. Por volta de 1865, a família mudou-se para Argentina, Buenos Aires. Viveu em um ambiente familiar de religiosidade, em um meio anticlerical. O pai, em constantes viagens à Itália, lá morreu em 1881. Seu irmão assumiu a família. Tinha um trabalho público, ficou doente e teve de o abandonar. Antônio entrou para trabalhar em um escritório de advocacia, tendo o encargo de procurador. Assim subiu de posto.

Pe. Arboleada escreveu: "Oblato da Congregação dos padres redentoristas, terciário dominicano, sócio da Confraria do Santíssimo Sacramento da catedral, estava continuamente rodeado de pobres que socorria e instruía. Insigne catequista, especialmente para os operários e jovens, fundou a Associação dos Jovens Cristãos, um oratório festivo, a conferência de São Vicente dos Jovens, a missa dos estudantes, que, nos últimos anos, reunia mil e quinhentos estudantes, com a participação das autoridades eclesiásticas civis e acadêmicas de Buenos Aires. Atuou no Centro dos Estudantes Secundários das Vitórias, no Centro de Alfabetização dos Operários, o Lar S. Vicente de Paulo para as famílias de operários inválidos. E foi também colaborador e propagador de diversas outras obras de apostolado, principalmente dos Círculos Operários, fundados pelo Pe. Frederico Grote, C.Ss.R.".

Assim o Pe. Hernán, postulador da Congregação do Santíssimo Redentor, descreveu os principais aspectos do dinamismo apostólico de Antônio:

Antônio Solar nasceu em Ciávari, Itália, dia 27 de janeiro de 1861. Era filho de João Batista Solari e Margarida Casagnino. Quando tinha seus quatro anos, os pais tomaram a decisão de emigrar em busca de novos horizontes. Seus olhares se dirigiram à Argentina e empreenderam a penosa travessia do Oceano Atlântico. Não pôde ser sacerdote, devido a suas responsabilidades diante da família, devido à morte do pai. Mas foi um dos mais dinâmicos animadores vocacionais.

Dia 25 de outubro de 1883, foi uma data importante para a história da Igreja Argentina por dois acontecimentos: a chegada dos primeiros redentoristas ao país e a inauguração da Capela de Nossa Senhora das Vitórias, que seria berço e centro de muitas iniciativas de Antônio.

Os redentoristas tiveram de enfrentar duas dificuldades: a nova língua e os novos costumes. O encarregado de acolhê-los e orientá-los foi Antônio, jovem de vinte e dois anos. O Arcebispo de Buenos Aires, D. Aneiros, apresentou-o aos missionários dizendo-lhes: "Este rapaz vai ajudá-los"; e, logo, dirigiu-se ao jovem: "Cuida deles para mim, porque esses religiosos são o que há de melhor".

O cronista dos missionários redentoristas, anos depois, assim se expressou: "O infatigável apóstolo Antônio formou a Associação dos Jovens Cristãos, com jovens trabalhadores que estão pelas ruas e praças, ensina-lhes a doutrina cristã e os prepara para a primeira Comunhão. Quando chegam aos vinte anos, são recebidos na Conferência de S. Vicente, outra criação de Antônio. Ele é o bispo leigo de Buenos Aires. Mesmo sendo jovem ainda, todos o conhecem, é apreciado e amado, sejam ricos ou pobres.

Em nossa igreja, é a alma que dá vida à secção dos homens da Arquiconfraria do Perpétuo Socorro. Além disso, é o braço direito do Padre Grote na fundação dos Círculos de Católicos Operários. Tem um zelo digno de ser comparado ao de São Paulo.

Antônio Solari é conhecido e admirado, sobretudo, como 'Vicentino', ou seja, por ser fundador de inumeráveis conferências de São Vicente em todo o país, por seu trabalho humilde, generoso e constante ao serviço dos pobres e por sua admirável espiritualidade vicentina, que se concretiza na fé e na caridade. Encontrou seu caminho por meio das Conferências. Sua vocação seria o apostolado secular. Se o amor é a perfeição, e a santidade é o amor a Deus e ao próximo, as Conferências eram o meio fácil, seguro e reto para a realização de seus ideais humanos e cristãos". "Por seu excecional e diuturno serviço, foi chamado de 'Pai dos Pobres'". O próprio Cardeal Copello celebrou a grandeza de sua ação caritativa: "Antônio estava rodeado de grandes caravanas de pobres. Iam bater em seu coração, para abrir seu bolso inesgotável, a fim de remediar suas necessidades materiais".

Antonio Solari, como qualquer filho de Deus, foi enganado mais de uma vez, e seus amigos o advertiam. Ele sempre tinha preparadas suas respostas: "Melhor é passar por bobo que cometer alguma injustiça não atendendo o pobre". Ou: "Quem julga o pobre é Deus".

Pe. Frederico Grote foi um gigante na fundação e organização dos círculos, das escolas, dos cursos promocionais a serviço dos operários; mas a seu lado estava sempre o trabalho humilde, silencioso e perseverante de Antônio, a quem Pe. Grote chamava de "Seu braço direito". O primeiro lugar a ser ocupado pelo Círculo Central, quem o procurou e conseguiu foi Antônio, na esquina de Callao y Juncal.

Desde o ano de 1890 até sua morte, Antônio passava grande parte do dia na Cúria Arquidiocesana.

No ano de 1934, celebrou-se em Buenos Aires o 32º Congresso Eucarístico Internacional. Antônio assumiu o cargo de segundo tesoureiro. Cardeal Pacelli foi quem presidiu o Congresso. Mesmo absorvido pelas atividades, ele notou Antônio. Alguns anos depois, o Cardeal foi eleito Papa com o nome de Pio XII. Quando, em 1940, o Dr. Jorge Durad, da Conferência de São Vicente das Vitórias, foi a Roma, pôde obter uma audiência com o Papa. Este, ao saber que vinha da Argentina, perguntou-lhe: "Como está Antonio Solari, o santo de calças e paletó? Diga-lhe que sempre o trago no coração e lhe envio minha bênção apostólica".

No dia 12 de julho de 1945, depois de uma noite sofrida, Antônio sentiu-se tão fraco que não pôde levantar-se na hora de costume. Como tinha de resolver algumas questões no Ministério das Relações Exteriores e Culto, saiu, mas voltou de táxi. Não se sentiu bem e quase não podia manter-se em pé. Chamaram os médicos que diagnosticaram infarto. No sábado, 14 de julho de 1945, às quinze horas, faleceu. Era a véspera da festa do Santíssimo Redentor, Titular da Congregação do Santíssimo Redentor, da qual Antônio era oblato. E era também sábado, dia consagrado a Nossa Senhora. Assim juntaram-se os dois amores da vida e do apostolado de Antônio: o Santíssimo Redentor e Nossa Senhora do Perpétuo Socorro.

Morreu aos 14 de julho de 1945, aos oitenta e quatro anos, seis meses e dezessete dias.

13

IR. MARCEL VAN

Vietnã, 1928-1959

Marcel Van (Joaquim NguyenTan Van) é o servo de Deus redentorista mais conhecido entre nossos confrades em processo de beatificação, sobretudo no Oriente. Sua vida e sua espiritualidade têm muito a ver com as necessidades atuais. É a espiritualidade das pequenas coisas e da compreensão da força do sofrimento. Seu mestre de noviços, Padre Antonio Bucher, compreendendo seu valor, conservou seus escritos. Depois, gastou 20 anos para traduzi-los do vietnamita ao francês. Agora está traduzido em diversas línguas, inclusive em chinês. É um santo para o futuro.

INFÂNCIA E ADOLESCÊNCIA (1928-1935)

Marcel Van nasceu no dia 15 de março de 1928, em uma família cristã. Seu pai, Joaquim Triet, era alfaiate, e sua mãe, Ana Maria, trabalhava no campo de arroz e era parteira. Foi uma criança formada com carinho e muita piedade. Ele era alegre, gentil e brincalhão. O nascimento de sua irmã, Ana Tê, deu-lhe grande alegria. Atualmente, ela, já idosa, é irmã redentorista no Canadá.

Desde pequeno, ouvindo todos os dias a vida dos santos, queria ser igual. Quando nasceu sua irmã, foi levado a morar com sua tia, porque queria cuidar demais de sua irmãzinha, com risco de machucá-la. Fez a primeira comunhão bem cedo. Pediu para amar a Deus com todo o coração, com uma fé sólida.

Tinha grande desejo de ser padre. Por isso sua mãe o levou, em 1935, ao Pe. José Nha na paróquia de Huu-Bang, para iniciar a preparação. Foi um período de grandes dificuldades. Recebeu a permissão da comunhão diária. Causou inveja nos catequistas adultos, que lhe criaram muitas dificuldades, perseguindo-o com maus-tratos, tirando-lhe o alimento e proibindo-o de rezar o terço. Seu pai, diante do problema de um filho que ficou cego, começou a jogar e beber. Era um grande sofrimento para a família.

Quando estava com oito anos, um tufão destruiu as plantações de arroz e deixou a família na miséria. Ele se tornou empregado da paróquia. O pároco explorava-o no serviço. Terminada a escola primária, concluiu o tempo de formação. Vendo as dificuldades para seguir o caminho para o sacerdócio, Van escapou e andou vagando. O Pároco mandou buscá-lo, mas a situação não melhorou. Fugiu novamente. Diante da impossibilidade de estudar, fugiu e foi longe. Teve diversas fugas. Em uma dessas, acabou sendo mendigo. Uma senhora o acolheu, mas queria vendê-lo para o tráfico de crianças. Fugiu e voltou para casa onde a miséria era muito grande por causa dos vícios do pai.

Fez uma confissão, e o padre lhe disse: "Aceita de boa vontade todas essas provações e oferece-as a Deus. Podes crer que, se Deus te enviou a cruz, é porque Ele te escolheu". Ele tinha 12 anos. Naquela noite, recebeu uma luz que o fez ver claramente que o sofrimento é dom de Deus. Recebia a missão: transformar o sofrimento em alegria.

SEMINÁRIO MENOR (1942-1943)

Em 1942, com a idade de 13 anos, Van entrou para o seminário menor de Lan-Song, dirigido pelos dominicanos. Mas, depois de seis meses, o seminário foi fechado e ocupado pelos soldados japoneses. Continuou os estudos na paróquia de Sta. Teresinha em Qang Uyê, com a orientação do Pe. Maillit, missionário dominicano.

No verão de 1942, Marcel Van descobriu a autobiografia de S. Teresinha. A "História de uma Alma" tornou-se para ele como que a encruzilhada de sua vida espiritual. Em seu grande desejo de santidade, sentia que sua fragilidade o tornava impossível. A leitura do livro mostrou-lhe que a santidade é possível nas coisas pequenas. Teresinha seria sua irmã espiritual.

Pouco tempo depois, Van contou ter recebido a grande graça de um encontro com Sta. Teresinha, que lhe falava com familiaridade e lhe ensinou a pequena via. Ela lhe falou de Deus, seu amor, sua paternidade e convidou-o a falar com Deus como dois amigos. Ela lhe mostrou que Deus estava interessado em tudo de nossa vida.

Mais tarde, Van teve uma visão de Santo Afonso de Ligório, fundador dos redentoristas. Van só o conheceu mais tarde em uma revista de Nossa Senhora do Perpétuo Socorro. Aí sentiu o desejo de entrar nessa Congregação. Isso frustrou o Padre Maillet, que tinha planos de enviá-lo aos dominicanos. Então o mandou embora. Ele voltou para sua casa. Santa Teresinha havia dito que ele deveria ser irmão. Sentiu grande desgosto.

COM OS REDENTORISTAS (1944-1959)

A entrada de Marcel Van na Congregação também não foi fácil. Era muito pequeno para seus dezesseis anos. Como queria ser irmão, o superior mandou esperar mais. Como a mãe insistiu, o superior o aceitou, mas não entrou de imediato na comunidade. Isso ele fez no dia de São Geraldo em 1944. Nesse tempo, iniciaram-se suas conversas com Jesus.

Em 1954, o Vietnã dividiu-se em dois. Os cristãos fugiram para o Sul. O Ir. Marcel Van pediu para voltar para o Norte, que se tornara comunista. Em uma conversa inocente na rua, fizeram-lhe uma armação, e ele foi acusado, preso em 7 de maio de 1955 e sentenciado a quinze anos de trabalhos forçados.

Na prisão, servia os outros prisioneiros, sendo conforto para muitos. Uma testemunha descreveu-o como cheio de fé, paz e alegria. Ele escreveu a seus superiores: "Quem pode conhecer o poder do amor, quem pode conhecer a doçura... Chegará o dia em que morreremos, mas morreremos consumidos pelo amor".

Por um incidente, foi colocado na solitária e ficou tão fraco que acabou morrendo.

Sua espiritualidade era influenciada pela pequena via de Santa Teresinha de Lisieux, como também por Santo Afonso de Ligório. É modelo de fé vivida na simplicidade, humildade e fé em Deus.

O processo teve início no Canadá e foi aberto em Ars, na França, e está sendo revisado.

Na França há um Instituto Religioso, "Os Missionários do Amor de Jesus", que foi fundado a partir da espiritualidade de Marcel Van e Sta. Teresinha.

14

PE. ROMANO BACHTALOWSKIY

Ucrânia, 1897-1985

O Servo de Deus, Padre Romano Bachtalowskiy, nasceu em 21 de outubro de 1897, na aldeia de Yabluniv, região de Ternopil, em uma família grande, de rito greco-católico, do qual seu pai era sacerdote, Pe. Daniel Bachtalowskiy.

Depois de se formar na escola Kolomyya em 1917, entrou para o seminário maior em Stanyslaviv para fazer filosofia e teologia. Lá se formou sob a direção de Nicolau Charnetsky.

Entusiasmou-se com a vida e o trabalho apostólico dos missionários redentoristas, recém-chegados da Bélgica em 1919. Estando no terceiro ano de seminário, Romano entrou na Congregação Redentorista.

Em 1921 foi ordenado sacerdote pelo bispo Gregory Homišina. Posteriormente, aprofundou sua formação na Bélgica e ensinou grego, latim, física e astronomia no seminário redentorista em Zboïskah, perto de Lviv. Além disso, entrou na Universidade de Lviv para estudar línguas eslavas. Com a sobrecarga de trabalho, contraiu tuberculose pulmonar. O tempo de doença tornou-se um tempo de reflexão, orações e grande união com Deus. Sua recuperação foi atribuída a Santíssima Virgem. Exatamente no mesmo tempo da doença, ele despertou para a obra literária. Seu primeiro trabalho é o Akástitos à Mãe do Perpétuo Socorro. Em 1933, viajou para Volyn como secretário do Bispo Josafá. Mais tarde, ele escreveu as memórias do Bispo Nicolau no livro "O Apóstolo da União".

Em 1942, mudou-se para Stanislav, onde se tornou superior da comunidade redentorista. Em 1943, pregou retiros para leigos. Depois disso, alguns deles entraram para a Congregação. Em 13 de outubro de 1945, com a bênção do Arcebispo Gregório, fundou a Congregação das Irmãs do Imaculado Coração de Nossa Senhora de Fátima.

Em 1949, Pe. Romano foi preso, levado para a prisão de Kiev e, mais tarde, para um campo de concentração, na região de Sosnovka Irkutsk. Em 1956 voltou do exílio. Escreveu "A Vida de Teodoro Estudita, Reino do Imaculado Coração de Maria", destinado a ser base de vida espiritual para a recém-formada congregação.

Em 13 de outubro de 1968, a KGB (Polícia secreta russa) descobriu as atividades pastorais do Servo de Deus e confiscou seus manuscritos de literatura espiritual, retiros espirituais e livros litúrgicos. Esse foi o motivo para a prisão de Pe. Romano e seu exílio de cinco anos no campo de Krai, no território de Krasnoyarsk. Em 1976, retornou à Ucrânia, para a região de Khmilnyk Vinnytsia, onde voltou a escrever um livro sobre a Mãe de Deus intitulado "Nos caminhos de Maria" e, mais tarde, "Akátistos para St. Vladimir e a oração para o mártir da Igreja Greco-Católica Ucraniana".

No dia 6 de outubro de 1985, com grande fama de santidade partiu para a eternidade. Em 22 de novembro de 2006, iniciou-se seu processo de beatificação.

15

PE. JOSÉ PALEWSKI

Polônia, 1867-1944

"Mártir da 2ª Guerra Mundial"

Pe. José nasceu no dia 22 de março de 1867, no povoado Stara Wies, que pertencia à paróquia Limanowa, na Polônia. No ano de 1866, entrou no seminário diocesano em Tarnow e, no dia 14 de junho de 1890, recebeu a ordenação sacerdotal. Trabalhou como vigário em Bochnia e depois na catedral em Tarnow.

De seu bispo recebeu a permissão para entrar na Congregação do Santíssimo Redentor. O Noviciado começou em Eggenburg (Áustria), no dia 25 de novembro de 1892, e, no dia 2 de agosto de 1893, fez a profissão religiosa. Depois da volta para a Polônia, com entusiasmo, comprometeu-se a cumprir os muitos compromissos na

Província Polonesa. De 1893 a 1907, foi diretor do seminário menor. Como superior em Tuchow, de 1901 a 1904, promoveu a coroação da Imagem Milagrosa de Nossa Senhora e começou também a editar a revista "Bandeira de Maria".

No ano de 1908, o governo da Rússia permitiu pregar as Santas Missões na Sibéria. Pe. José foi participar delas.

Compreendendo a necessidade do apostolado da escrita, traduziu para a língua polonesa algumas obras de Santo Afonso, entre elas "Visitas ao Santíssimo Sacramento". Deixou escritas as biografias dos Padres Lubienski, Witkowski e Bohosiewicz.

No final da 1ª Guerra mundial, depois da curta estada em Lublin, mudou-se para Varsóvia, para analisar as possibilidades e preparar a nova fundação.

A partir do ano de 1934, viveu e trabalhou em Varsóvia como ecônomo. Frequentemente participava das Santas Missões. Desde o início de seu serviço sacerdotal, teve problemas com a garganta. Por isso nunca teve voz forte. Porém, heroicamente, vencia as doenças da garganta e também as dores de estômago.

No ano de 1939, explodiu a 2ª Guerra Mundial. Pe. José, certamente, não esperava que todo o esforço de sua vida sacerdotal e religiosa fosse coroado pela morte de mártir, no dia 6 de agosto de 1944, durante um levante contra os ocupantes. Nesse dia, em Varsóvia, foram fuzilados trinta redentoristas (quinze padres, nove irmãos, cinco seminaristas e um noviço).

Não somente sua vida, seu trabalho e suas orações, mas também as gotas de seu sangue foram semeados para que as novas gerações dos filhos de Santo Afonso pudessem crescer na terra polonesa.

16

PE. CASIMIRO SMORONSKI

Polônia, 1889-1942

"Mártir de Auschwitz"

Depois da ordenação, foi enviado a Roma para estudar no Instituto Bíblico. No ano de 1914, participou da peregrinação dos cientistas à Terra Santa. A Primeira Guerra Mundial tornou impossível a continuação dos estudos. De volta a Roma, passou um tempo em Viena, onde se tornou conhecido pelo zelo nos hospitais militares.

Em agosto de 1923, voltou a Roma e, em 25 de junho de 1924, obteve o mestrado. Voltando à Polônia, ensinou no seminário de Tuchow. Escreveu diversos artigos e cuidou da biblioteca. No ano de 1920, foi nomeado diretor da "Legião da santidade dos Sacerdotes" de toda a Polônia. E foi um dos fundadores da revista "Homo Dei", para ajudar os sacerdotes. Procurando ajudar nas missões, fundou os grupos da "Infância de Jesus e Aumento da fé".

Quando explodiu a Segunda Guerra Mundial, a revista "Homo Dei" já não podia ser impressa. Pe. Casimiro, não pensando nos perigos, escrevia muitas cartas, com destinatários na Polônia e no exterior. Essa foi a causa de sua prisão, no dia 6 de fevereiro de 1942. Na prisão de Tarnow, foi cruelmente espancado pelos alemães. No dia 16 de abril de 1942, com outros, foi transportado para o campo de extermínio de Auschwitz.

Um sacerdote, Pe. Carlos Szwedo, também prisioneiro, recordou o encontro com o Pe. Casimiro no hospital do campo, na parte de doenças infecciosas. O padre apenas entrou na secção, foi espancado pelos alemães até o sangue e desmaiou. Um outro sacerdote, que um mês depois morreu em Dachau, recordou que o Padre Casimiro sofria com febre. Suportava o sofrimento com tranquilidade e rezava muito. Na noite de 21 para 22 de maio, morreu, conservando a consciência até o último momento. O Pe. Pokul, que estava a seu lado no momento da morte, disse: "Eu também gostaria de ter uma morte tão tranquila e bela".

17

PE. JÁN IVAN MASTILIAK

Eslováquia, 1911-1989

No auditório da Faculdade de teologia de Presov (Eslováquia), Dom Jan Babjak abriu o processo de canonização do padre redentorista Ján Ivan Mastiliak (1911-1989) da Vice-Província de Michalovce.

Ján Ivan Mastiliak nasceu no dia 5 de novembro de 1911, em Nižný Hrabovec (distrito Vranov nad Topľou – Eslováquia). Segundo de três filhos, passou a infância em situação de pobreza, após a morte de seu pai, em 1916, nos Estados Unidos, onde trabalhava como imigrante para sustentar a família.

Em junho de 1922, ele foi recebido pelos redentoristas após uma missão pregada em um povoado próximo. No estudantado da Congregação do Santíssimo Redentor, Ján Ivan não só teve a oportunidade de continuar seus estudos, como também demonstrou haver capacidade de memória excelente, particularmente no estudo de línguas.

Admitido ao noviciado de Stropkov, ele fez sua profissão religiosa, no dia 2 de agosto de 1929. Durante os anos de estudante em Obořište, além de amadurecer na vida espiritual e nos estudos de filosofia e teologia, também pôde aprofundar seu interesse nas ideias de união com a Igreja Ortodoxa Russa.

Ordenado sacerdote em Užhorod, em 12 de agosto de 1934, propôs-se exercer o apostolado em favor da causa uniata. Em junho de 1935, no entanto, ele foi chamado para o serviço militar, durante o qual, tal como no passado, adoeceu com pneumonia.

A saúde precária e versatilidade para o estudo induziram os superiores, em 1937, a enviá-lo a Roma para frequentar o Instituto Oriental, onde, em 19 de junho de 1941, defendeu sua tese de doutorado intitulada "Fuitne Vladimirus Soloviev catholicus. Inquisitio in eius vitam et personam".

Obrigado a permanecer na Itália devido ao início da Segunda Guerra Mundial, ele cursou a faculdade de teologia na Universidade Gregoriana, onde concluiu os cursos com a pesquisa "Fé e ciência em Vladimir Solovjov – O sentido cristão e valor de seu ensino". Infelizmente, o aparecimento de pneumonia não lhe permitiu publicá-la, e ele foi chamado por seus superiores para o tratamento em sua pátria.

De volta à Tchecoslováquia, viveu primeiramente em Podolínec e, depois, em Michalovce como superior da comunidade. No verão de 1945, foi designado para o seminário redentorista de Obořište, para ensinar dogmática, ascética, filosofia, línguas estrangeiras e dar cursos sobre as Igrejas Orientais. No seminário exerceu também o papel de diretor espiritual, especialmente para os estudantes greco-católicos da Vice-Província de Michalovce.

Seu compromisso, expresso especialmente pela celebração da liturgia, a participação nas festas de santos orientais, as publicações na revista do estudantado chamada "Alfons" e as palestras eruditas sobre os temas do Oriente cristão permitiram aos alunos se aprofundarem na espiritualidade e na liturgia da Igreja greco-católica.

Seu ativismo vivo na promoção da causa uniata, expresso desde 1906, com a criação do movimento de "Oração para a união dos eslavos à Igreja Católica", manifestou-se de forma mais eficaz com seu ensino em Obořište, onde, animado com um sincero espírito ecumênico, dedicou-se à promoção de um sereno diálogo teológico, que visava clarificar as posições e eliminar os obstáculos que se opunham à comunhão. Para esse fim, ele publicou muitos estudos científicos significativos.

Considerando seu profundo conhecimento da teologia oriental, o arcebispo de Praga nomeou um membro da Comissão do bi-ritualismo, criada para analisar os pedidos de quem queria passar ao rito greco-católico.

Em 1949 foi convidado a ensinar na Academia Alfonsiana em Roma. Infelizmente, a saúde física, a impossibilidade de ser substituído no ensino Obořište e o advento do regime comunista na Checoslováquia não lhe permitiram aceitar.

Com a subida ao poder do Partido Comunista e do consequente regime ditatorial, Pe. Ivan foi contado, desde 1948, entre os inimigos do Estado. Preso e encarcerado em 14 de março de 1950, ele foi forçado, sob tortura, a registrar acusações difamatórias que o classificavam como espião do Vaticano e traidor do Estado. Na conclusão do processo, em 5 de abril seguinte, ele foi condenado à morte que, com a anistia de 1955, foi comutada em 25 anos de prisão. Depois de 15 anos de prisão, ele foi liberado em 1965.

Em 13 março de 1968, por causa também da restauração da Igreja greco-católica e das transformações sociais, foi nomeado Superior dos redentoristas da Vice-Província de Michalovce. Ocupou o cargo até 18 de maio de 1981, quando renunciou por motivos de saúde. Durante seu mandato, deu um novo impulso à vida religiosa das comunidades, restaurando o espírito fraterno e zelo missionário; possibilitou a visita do Superior-Geral dos redentoristas à Checoslováquia; e foi capaz de retornar a Roma para participar no Capítulo Geral da Congregação. Infelizmente, com a repressão armada da breve "Primavera de Praga" (de 5 de janeiro a 20 de agosto de 1968), foi novamente forçado a viver escondido sob rígida vigilância policial.

O Pe. Ivan, novamente registrado como inimigo do Estado e catalogado como colaborador da hierarquia greco-católica, continuou comprometido, em segredo, com a formação de seminaristas religiosos e diocesanos. Para fazer isso, começou a receber os estudantes em seu apartamento, dedicando-se a sua formação teológica e espiritual e, sabendo catorze línguas, traduzindo-lhes os textos dos grandes filósofos e teólogos. Além disso, para lhes obter acesso à ordenação sacerdotal, ele lhes indicava a um amigo bispo ou lhes atestava a aptidão para o sacerdócio.

Morreu no dia 18 de setembro de 1989, vítima de uma isquemia cardíaca. Seus restos repousam no cemitério municipal de Michalovce, Eslováquia.

Pe. Antonio Marrazzo, C.Ss.R.

18

DOM JORGE GOTTAU

Argentina, 1917-1994

Na igreja do Sagrado Coração de Jesus da Obra de Dom Orione (em Buenos Aires), em 24 de abril, foi celebrada uma missa, para recordar os vinte e um anos de sua morte e pedir a canonização do Servo de Deus Mons. Jorge Gottau, redentorista e primeiro bispo da Diocese de Añatuya (Argentina). Foi ele quem começou a coleta "Mais por Menos" em favor dos pobres. A Diocese de Añatuya, uma das mais pobres do país, segue por meio da Fundação Gottau com o processo para beatificar e canonizar o prelado argentino.

Jorge Gottau nasceu na cidade de Esteban Gascón, no dia 23 de maio de 1917. Aos doze anos, entrou no seminário menor dos padres redentoristas, em Bella Vista, e, desde então, sempre quis, como Santo Afonso de Ligório, dedicar sua vida ao serviço dos necessitados. Em 1938 fez sua profissão religiosa na Congregação do Santíssimo Redentor e completou seus estudos de filosofia e teologia em Villa Allende, Córdoba. Em 19 de outubro de 1942, foi ordenado sacerdote. Sua primeira missa foi celebrada na cidade de Santa Teresa, em La Pampa. Serviu como pároco na cidade de Darregueira, Buenos Aires, e em 1956 e foi eleito superior provincial dos redentoristas na Argentina. Em 1961, a Santa Sé criou várias dioceses do país, incluindo Añatuya. Nessa área, era necessário um bispo missionário, e papa João XXIII escolheu Padre Jorge Gottau. Em 1º de outubro de 1961, começou a diocese. Ao tomar posse, o território diocesano tinha sete paróquias e sete sacerdotes para servir cento e vinte mil pessoas em 68.000 km quadrados. Hoje existem vinte e duas paróquias, uma quase-paróquia, trinta e três sacerdotes e cento e cinquenta religiosas.

Em 1970, ele criou a Coleta Nacional "Mais por Menos", destinada a dioceses mais pobres. Morreu aos setenta e sete anos, na província de Buenos Aires. Está enterrado na Catedral de Nossa Senhora do Vale, e em 2010 a Diocese de Añatuya começou sua causa de beatificação.

Carlos Espinoza

19

FRATER MARIANO B. GALAN

Ucrânia, 1927 – Rússia, 1952

Em 1927 na aldeia de Žirìvka, no distrito de Pustomyty, Óblast de Lviv, do casal Nikolay e Maria Galan nasceu Mariano. Além dele, o casal teve mais quatro filhas. O pai de Mariano era padre, do rito oriental, e introduziu o filho na vida religiosa.

Iniciou e completou na aldeia a educação recebida da família. Depois de se formar em 1941, Mariano começou os estudos no seminário menor dos redentoristas, onde nesse momento o Pe. Nicolau Čarnetskij, que depois foi o Visitador Apostólico para Volínia, era um dos primeiros professores. Um companheiro de estudos lembrou: "Mariano era calmo, equilibrado, devoto e queria continuar no convento. Muitas vezes falamos sobre esse assunto. Alguma coisa o atraía". Após os estudos do seminário, Mariano entrou na Congregação Redentorista em Lviv, onde o reitor, na época, era o Pe. Ivan Ziatek, em cujas mãos, em 1944, fez os votos religiosos.

Depois de 1946, os padres que não quiseram passar para a Igreja Ortodoxa sofreram detenção, prisão e exílio na distante Sibéria. Quando Mariano tinha dezenove anos, juntamente com outros confrades, foi alistado no serviço militar, que ele cumpriu na cidade de Ufa. O comandante da unidade anotou que Galan "era aplicado, bem intencionado e era respeitado entre os colegas".

Em 1949, pelo sucesso do treinamento, Mariano ganhou férias. Retornando ao exército, recebeu um mandato de busca. Durante a busca encontraram o livro de Santo Afonso: "A vontade de Deus". Depois disso, foi preso por "atividades antissoviéticas". Viu-se que acreditava em Deus e não o escondia. Usava uma cruz, estava fortemente convencido da verdade dos ensinamentos de Cristo e da Igreja. Recusou-se a entrar na Liga da Juventude Comunista e dizia: "o Komsomol não acredita em Deus e, de acordo com minha consciência, a maldade é um pecado grave". Ao investigador, que perguntava por que decidira entrar no convento, disse: "Sendo religioso, decidi dedicar toda a vida ao serviço de Deus, por isso me fiz religioso".

Foi condenado a dez anos de trabalhos forçados na construção do Canal Volga-Donskoy. Ali, entre as pesadas condições e as torturas, recebeu o prêmio celestial como mártir por Cristo. Não fraquejou diante de nenhum tipo de tortura, não se perverteu no exército. Seu exemplo mostrou que em ambas as situações eram possíveis de cumprir bem suas obrigações e ser fiel a Deus.

Frater Mariano foi e continuará sendo "a lâmpada, que arde e brilha" (Jo 5,35), especialmente para a geração mais jovem.

20

PADRE MANUEL GIL DE SAGREDO

Espanha, 1908-1952

Manuel Gil de Sagredo Arribas nasceu em Granada, no dia 8 de janeiro de 1908. Foi batizado na paróquia dos Santos Justo e Pastor, no dia 22 de janeiro do mesmo ano, com o nome de Manuel Luciano José da Santíssima Trindade. Seus pais eram Manuel Gil de Sagredo Sánchez e Rosário Arribas Ortega. A família era bem situada, mas decaiu. Seu pai era professor no primário. O domicílio da família, quando nasceu Manuel, era na rua São Jerônimo, 70, justamente diante do Santuário do Perpétuo Socorro. Desse matrimônio nasceram doze filhos, dos quais somente sete sobreviveram. "Manolito", como o chamavam, era o primogênito.

Sua infância foi como a de toda criança do tempo, com as alegria do caráter andaluz. Recebeu boa formação acadêmica graças à posição da família. Estudou no Colégio do Sagrado Coração. Recebeu boa formação religiosa, marcada pela compaixão pelos mais fracos, temor do pecado, apesar de ele descrever sua infância como pouco piedosa. A morte dos irmãos, ocorrida nos anos de 1919 a 1920, impressionou-o muito, e ele começou a pensar em sua própria morte.

Em 1920, começou o bacharelado no Instituto Pe. Suárez. Os missionários redentoristas Pe. Tomás Vega e Pe. Gregório Roldán pregaram as Santas missões na Paróquia da Colegiata dos Santos Justo e Pastor, à qual pertencia sua família. Em família, brincava-se perguntando se Manuel tinha vocação de missionário e se queria ir com eles. Respondia: "Claro...sim, sim. Já estou indo". Ao terminar a missão, entre o espanto e a alegria dos seus, Manuel despediu-se da família, tomou o trem para realizar seu sonho de ser missionário. Despediu-se do pai, que viu pela última vez.

Ingressou no seminário menor redentorista São Paulo, de Cuenca, em fevereiro de 1920. Dali passou ao El Espino (Burgos). Por seus estudos já feitos, passou a cursos superiores.

Era um adolescente sincero, simples, alegre e jovial. Terminados os estudos de Humanidades em 1923, com quinze anos, ingressou no Noviciado, em Nava del Rey, Valladolid. Em 23 de agosto, vestiu o hábito redentorista. Fez profissão religiosa, em 24 de agosto de 1924. Em Astorga, Léon, fez o seminário maior. Destacou-se por seu fervor, companheirismo e retidão, às vezes, um tanto excessiva.

Demonstrava dotes de bom organizador ao criar entre os estudantes um grupo de adoração ao Santíssimo Sacramento e promover a posterior consagração do Estudantado ao Coração Eucarístico. Fez sua profissão perpétua, em 9 de janeiro de 1929. Em 14 de junho de 1929, recebeu o subdiaconato. Em 15 de junho de 1930, recebeu o diaconato. Por motivos familiares, foi levado em segredo, desde Astorga a Barbastro, Huesca, acompanhado do Prefeito dos estudantes. Recebeu a ordenação sacerdotal, no dia 6 de junho de 1930, na capela particular do bispo redentorista D. Nicanor Mutiloa.

Celebrou a primeira missa na basílica do Pilar, em Zaragoza. Passando por Bilbao, chegou a Santander, de onde embarcou para a Inglaterra para se aperfeiçoar no idioma. Residiu durante uns meses na casa de estudos de Hawstone. No final de 1930, passando por

Lourdes e Lisieux, chegou a Marselha. Aí, no dia 15 de janeiro de 1931, viajou em um barco rumo à China.

Sua primeira residência no "país das flores" foi Siping, onde começou aprender o chinês. Segundo os confrades, foi algo milagroso, pois, em pouco tempo, pôde começar a trabalhar pela conversão dos pagãos com muito entusiasmo. Em 1932, começou vários grupos de catecumenato e recrutou os primeiros seminaristas chineses. Em novembro de 1933, foi destinado à fundação de Chengtú.

Na primavera de 1934, participou de várias campanhas missionárias regionais com o Pe. Cid, seguindo o método missionário alfonsiano. Em março, empreendeu uma série de exercícios na comunidade cristã, segundo o método alfonsiano, ministério em que obteve grandes triunfos. Ele combinava os trabalhos missionários com o ensino do chinês aos novos missionários, a atenção à confissão e à direção espiritual de religiosas e seminaristas. Além de colaborar nas tarefas paroquiais.

Sua capacidade de trabalho não tinha medidas e, em várias ocasiões, foi obrigado pelos médicos a descansar. Em 1938 foi nomeado colaborador do seminário de Chengtú. Em 1939 foi designado mestre de noviços. Um bombardeio japonês obrigou-o a fugir para as montanhas com o juvenato e o noviciado; ali ficaram até 1940, quando regressaram a Chengtú. Trabalhou, então, na promoção vocacional e na formação das aspirantes chinesas para a Congregação das Franciscanas Missionárias de Maria.

Devido às guerras sino-japonesas e europeia, a situação da missão ficou muito precária. E o futuro estava obscuro. Por não receber comunicação da Espanha, o Pe. Sagredo foi enviado à Espanha, com o Pe. Belenguer. Saiu de Chengtú no dia 13 de janeiro de 1941; foi de avião a Hong Kong no dia 26 de janeiro e, dali, ao Japão. No dia 6 de janeiro, chegou aos Estados Unidos, a São Francisco. Depois, viajou para Nova York de onde, de barco, foi para Coruña, onde chegou dia 23 de março, para informar, de primeira mão, a situação da missão. As fronteiras com a Ásia permaneciam fechadas, devido à extensão da Guerra Europeia para a Ásia. Isso o obrigou a permanecer no território pátrio até o fim da Segunda Guerra Mundial.

Ao chegar à Espanha, apresentou ao Superior Provincial um relato sobre o trabalho apostólico na China. Nele mostrou que esse se apoiava nos quatro pontos seguintes:

1. Situação de abandono em que se encontraram as comunidades cristãs na China.
2. Anúncio do Evangelho aos pagãos, para o qual não havia missionários.
3. Zelo missionário tanto na evangelização extraordinária como no ministério interno, que levasse cristãos e pagãos a uma verdadeira resposta ao Evangelho.
4. Atenção ao clero e às religiosas, que necessitavam de um cuidado espiritual mediante retiros, práticas e exercícios, para o qual também estavam formados os redentoristas.

Durante cinco anos, permaneceu na Espanha, completamente entregue a fazer conhecida a missão redentorista na China. Fruto de seu primeiro giro de propaganda missionária e de sua simpatia e seu gênio missionário, em 1942 fundou as "Marias do Redentor", uma associação leiga feminina comprometida com o sustento da missão na China e com um compromisso social com os lugares onde se estabelecesse.

Com seu folheto missionário, com o título de "China", foi fazer conhecidas nossas missões entre os infiéis, servindo de laço entre nossos missionários e os fiéis da Espanha. Junto a toda essa obra de divulgação da Missão redentorista da China, participou de diversas missões pela Espanha e se exercitou no apostolado de direção e acompanhamento espiritual.

Pelos fins de 1942, foi indicado como diretor espiritual dos estudantes redentoristas em Astorga, Léon. Esses quatro meses serviram-lhe para estimular os redentoristas, ainda em formação, ao zelo e à inquietação missionária. De regresso a Madri, continuou com a propaganda missionária... Fruto desse trabalho de promoção vocacional foram as jovens que ingressaram nos mosteiros das monjas redentoristas.

Em abril de 1944, foi nomeado reitor da comunidade de Granada para substituir o anterior, falecido de forma inesperada. Foi testemunha da clausura do processo de canonização da Serva de Deus Conchita Barrecheguren e do ingresso de seu pai, o Servo de Deus Francisco Barrecheguren, como postulante da comunidade redentorista de Granada.

Finda a Segunda Guerra Mundial, pôde voltar à China, como Vice-Provincial da missão. Chegou no dia 20 de setembro de 1946. Esse segundo período na China foi marcado por uma intensa atividade. Recobrou a residência missionária de Chengtú, que estava nas mãos da polícia durante o período da guerra anterior.

Em 21 de novembro de 1946, abriu-se a casa de Pequim, na qual planejava um grande santuário nacional dedicado a Nossa Senhora do Perpétuo Socorro. Trabalhou pelas vocações nativas. Em julho de 1948, deu o hábito ao primeiro redentorista chinês, Pedro Shen.

Todo o trabalho foi bloqueado com o avanço da revolução comunista. Em outubro de 1948, foi abandonada a casa de Pequim e começou a perseguição aos cristãos. Os redentoristas refugiaram-se em Macao. Pe. Sagredo e Pe. Fuente foram presos e expulsos da China. Em 29 de janeiro de 1952, chegou a Madri. Dedicou-se todo o tempo à missão na China por intermédio de todos os meios.

Aos 28 de julho de 1952, chegou a Astorga, para pregar o tríduo de Santo Afonso e fazer propaganda pela China. Morreu, repentinamente, de angina no peito, no dia 4 de agosto de 1952, com quarenta e quatro anos.

Ao morrer, sua fama de santidade começou a divulgar-se, e ele passou a ser visto como mártir da fé e da Igreja. O próprio Cardeal Tien, Arcebispo de Pequim, escreveu aos redentoristas: "Fiquei muito triste com a morte do Pe. Sagredo. Não tenho a menor dúvida de que morreu como testemunha da fé católica, que, durante sua vida na China, propagou com ardente zelo. Não me surpreenderia vê-lo beatificado e canonizado, uma vez que praticou a virtude em grau heroico".

Sua fama de santidade ultrapassou o tempo nesses sessenta anos e ainda perdura entre aqueles que o conheceram e outros que vieram depois. Há testemunho de pessoas que asseguram ter recebido favores por sua intercessão. Tudo nos dá ideia de sua fama de santidade.

Este livro foi composto com as famílias tipográficas Segoe UI, Source Sans e Trajan Pro
e impresso em papel Offset 70g/m^2 pela **Gráfica Santuário.**